AS MAIS LINDAS
preces
curativas

Copyright©2008
Pallas Editora

Editoras
Cristina Fernandes Warth
Mariana Warth

Produção editorial
Christine Dieguez

Preparação de originais
Eneida Duarte

Revisão
Mônica Aggio
Silvia Rebello

Capa e diagramação de miolo
Aron Balmas

Todos os direitos reservados à Pallas Editora e Distribuidora Ltda.
É vetada a reprodução por qualquer meio mecânico, eletrônico,
xerográfico etc. sem a permissão por escrito da editora, de parte ou da
totalidade do material escrito.

CIP-BRASIL. CATALOGAÇÃO-NA-FONTE
SINDICATO NACIONAL DOS EDITORES DE LIVROS, RJ

A592m	Angellis (Espírito)
1ª ed.	As mais lindas preces curativas / Espírito Angellis. - Rio de Janeiro:
1ª reimpr.	Pallas, 2015.
	ISBN 978-85-347-0413-7
	1. Orações. 2. Obras psicografadas. I.Título.
07-2249	CDD: 133.93
	CDU: 133.9

Pallas Editora e Distribuidora Ltda.
Rua Frederico de Albuquerque, 56 - Higienópolis
21050-840 - Rio de Janeiro - RJ
Tel.: 55 21 2270-0186
pallas@pallaseditora.com.br
www.pallaseditora.com.br

ESPÍRITO ANGELLIS

AS MAIS LINDAS
preces curativas

PALLAS

Rio de Janeiro
2015

Sumário

Introdução 7
Preces católicas 13
Preces espíritas 23
Preces para proteção e ajuda em geral 33
Preces para proteção na gravidez e no parto 41
Preces para proteção de crianças 45
Preces contra males gerais
ou de causa desconhecida 49
Preces contra problemas mentais e espirituais 55
Preces contra acidentes e ferimentos 59
Preces contra doenças graves 63
Preces contra males dos olhos e ouvidos 69
Preces contra dores e reumatismos 75
Preces contra doenças contagiosas 79
Preces contra inflamações e febres 85
Preces contra males da boca e da garganta 93
Preces contra problemas do estômago e da barriga 97
Preces pela saúde dos animais 103
Notas sobre os santos taumaturgos 107
Índice remissivo: Temas de preces 135

Introdução

A busca de proteção contra perigos e da cura de doenças tem sido uma das principais atividades da espécie humana ao longo de toda a sua história. Quem tem o conhecimento e a habilidade necessários para esse trabalho está sempre situado entre os membros mais prestigiados de todo grupo social.

As técnicas e teorias mudam. Podemos perceber na história da humanidade um longo período, comum a todos os povos, em que a doença é atribuída a forças da natureza — vistas como divindades ou espíritos com poderes mágicos. Cabe então ao sacerdote consultar esses espíritos para descobrir as causas dos problemas que afligem os que o procuram e aplicar os procedimentos indicados por essas entidades ou aprendidos durante toda uma vida de dedicação à espiritualidade.

Passada esta fase, esse quadro passa por uma mudança sutil. Mesmo que continue sendo encarada como a grande criação divina, a natureza passa a ser estudada de forma relativamente independente da religião. Embora o pesquisador ainda não tenha recursos para entender exatamente o que está acontecendo, ele já pode identificar as ações específicas de coisas da natureza — plantas, minerais, produtos animais — sobre o organismo e sobre determinadas doenças. Desenvolve-se uma medicina parcialmente mágica, mas que liga o remédio à doença, o veneno ao envenenamento, sem a ação direta ou específica de um deus ou de um espírito.

Finalmente, chegamos ao momento atual, em que a medicina é uma técnica sofisticada e complexa, apoiada em diversas ciências que lhe permitem fazer diagnósticos e tratamentos de alta precisão, sem apelar para interpretações espirituais ou sobrenaturais.

E os deuses, santos e espíritos? Para onde foram? Bem, eles continuam exatamente onde sempre estiveram, não importa o quanto a ciência e a técnica tenham evoluído. De uma forma surpreendente para os defensores do racionalismo (para o qual o raciocínio lógico formal é a única maneira válida de conhecer a realidade e a mente racional humana moderna é a forma mais evoluída e "certa" de consciência), o fim do século XX viu, ao lado de um desenvolvimento científico e tecnológico de proporções nunca antes imaginadas, uma grande explosão de espiritualidade.

Práticas que até pouco tempo antes eram marginalizadas, e até mesmo criminalizadas em diversos países, floresceram, adquiriram mais e mais adeptos e se organizaram como escolas místicas e novas religiões. Em todas elas predominavam formas de buscar no mundo espiritual a solução de problemas que pareciam se manter inalterados, apesar das novas tecnologias disponíveis para a promoção do bem-estar da humanidade.

Será isso um mal? Será isso, como alguns ainda teimam em afirmar, um sinal de atraso, ignorância ou superstição? As modernas pesquisas sobre saúde mostram, sem sombra de dúvida, que a crença, a fé, é fundamental para o equilíbrio físico e mental. Não estamos falando de uma crença específica, nem sequer de crença religiosa. O que está em pauta é a necessidade, presente em todo indivíduo, de ter um núcleo de fé para ter saúde e enfrentar as doenças. Em primeiro lugar, reconhecer e cultivar a própria espiritualidade — seja qual for o nome que se queira dar a essa parte essencial da personalidade humana, conforme se esteja seguindo uma escola mística ou psicanalítica. Em segundo lugar, reconhecer que podemos focalizar nossa energia interior, através de símbolos com os quais estejamos familiarizados (que façam sentido para a nossa crença), orientando-a para regenerar nosso corpo, nossa mente, nossa vida.

Será isso sugestão ou auto-sugestão? Será a ação de entidades, espíritos, divindades que vivem em alguma dimensão paralela ao nosso mundo de todo dia? Pelo que mostram as pesquisas, esse debate não é importante, e serve apenas para esconder o fato principal: a eficiência indiscutível das técnicas de cura espiritual.

Falamos anteriormente de símbolos porque cada religião tem seus símbolos próprios, embora todas estejam se referindo à mesma coisa: a divindade que está dentro e fora de nós, o nosso espírito e a nossa vida que transcende o mero esforço cotidiano pela sobrevivência material. O universo religioso brasileiro é um exemplo dessa multiplicidade na unidade. Examinando somente o campo das práticas curativas, temos, primeiramente, a medicina mágica dos povos indígenas, exercida pelos pajés, que combinavam um profundo conhecimento das propriedades terapêuticas das ervas com a habilidade de realizar rituais que traziam ao doente o auxílio dos espíritos tribais. Ao lado dela, havia a medicina popular européia, que combinava magia, devoção católica e antigos conhecimentos médicos, e que foi trazida para o Brasil por curandeiros — muitos dos quais deportados para a colônia portuguesa sob a acusação de prática de feitiçaria, justamente por exercerem essa atividade. Os africanos, embora trazidos de forma a desarticular suas culturas originais, conseguiram recriar suas práticas religiosas e médicas, também combinando a força do mundo dos espíritos com o poder curativo de produtos naturais. A partir do final do século XIX, o espiritismo francês, representado pelas doutrinas de Allan Kardec e Roustaing, fincou raízes no país e aqui cresceu, centrando sua atividade na prática da cura espiritual. No final do século XX, o leque se ampliou com o surgimento de grupos de adeptos de escolas místicas modernas e de cultos centrados no contato direto com o Espírito Santo cristão.

O aspecto comum a todos esses grupos é a prática da oração, da prece curativa. Para alguns, é uma fórmula mágica através da qual o curandeiro age diretamente sobre o corpo ou sobre o espírito do enfermo. Para outros, é um modo de falar com entidades do mundo espiritual e obter delas uma ação curativa direta ou algum tipo de orientação. Para outros, ainda, é uma forma de preparar o próprio espírito para realizar uma ação curativa, seja utilizando os próprios poderes, seja servindo como canal para a ação de uma entidade.

Este livro apresenta uma compilação de preces curativas bem conhecidas no universo religioso brasileiro, abordando três grupos ou tipos de orações. O primeiro, mais numeroso, é formado por preces a santos católicos aos quais a devoção popular atribui a virtude de obter curas milagrosas para quem pede sua intercessão junto a Deus. O segundo grupo inclui preces também ligadas ao universo católico, mas utilizadas por rezadeiras e curandeiros na realização de rituais terapêuticos (as benzeduras). O terceiro grupo é formado por preces utilizadas em sessões espíritas dedicadas a consultas e tratamentos espirituais. As preces estão organizadas segundo os problemas a que se destinam, com exceção do terceiro grupo, cujas orações são de uso geral, e de um grupo de preces católicas também gerais.

Esperamos que a obra seja útil tanto aos que buscam auxílio para um problema específico, quanto aos que desejam dedicar-se à missão de ajudar os enfermos, ou mesmo para aqueles que apenas desejam conhecer essa face tão rica da cultura brasileira.

Preces católicas

Embora não contenha preces especificamente curativas, este capítulo é necessário ao leitor que não esteja familiarizado com as orações católicas cotidianas. Como poderá ser visto em outros capítulos, é prática comum nas preces aos santos e nas rezas dos curandeiros a recitação de uma ou mais das preces fundamentais do catolicismo — o Pai-nosso, a Ave-Maria, o Salve-Rainha, o Credo e o Glória-ao-Pai —, além do traçado do sinal da cruz. Este capítulo apresenta essas orações do modo como elas aparecem no devocionário católico oficial.

Aqui também foram incluídas algumas orações católicas de uso geral, que não são direcionadas para a cura de um problema específico de saúde.

Em muitas orações, existem momentos em que deve ser feito o sinal da cruz durante sua recitação. Nesta obra, esses momentos estarão indicados pelo sinal †, intercalado no texto. Este sinal indicará apenas o traçado de uma única cruz, tocando a testa, o peito, o ombro direito e o esquerdo. Neste capítulo está descrita a devoção do sinal da cruz em sua forma completa.

PAI-NOSSO

Pai nosso, que estais no céu, santificado seja o vosso nome. Venha a nós o vosso reino. Seja feita a vossa vontade, assim na terra como no céu. O pão nosso de cada dia nos dai hoje. Perdoai as nossas ofensas, assim como nós perdoamos a quem nos tem ofendido. Não nos deixeis cair em tentação, mas livrai-nos do mal. Amém.

AVE-MARIA

Ave, Maria cheia de graça, o Senhor é convosco. Bendita sois vós entre as mulheres e bendito é o fruto do vosso ventre, Jesus. Santa Maria, Mãe de Deus, rogai por nós, pecadores, agora e na hora da nossa morte. Amém.

GLÓRIA-AO-PAI

Glória ao Pai, ao Filho e ao Espírito Santo. Como era no princípio, agora e sempre. Amém.

SALVE-RAINHA

Salve, Rainha, mãe de misericórdia, vida, doçura, esperança nossa, salve! A vós bradamos, os degredados filhos de Eva. A vós suspiramos, gemendo e chorando neste vale de lágrimas. Eia, pois, advogada nossa, esses vossos olhos misericordiosos a nós volvei, e depois deste desterro mostrai-nos Jesus, bendito fruto do vosso ventre, ó clemente, ó

piedosa, ó doce sempre Virgem Maria.
Rogai por nós, Santa Mãe de Deus. Para que sejamos dignos das promessas de Cristo.

CREDO

Creio em Deus Pai, todo-poderoso, criador do céu e da terra; e em Jesus Cristo, seu único filho, nosso Senhor, que foi concebido pelo poder do Espírito Santo; nasceu da Virgem Maria; padeceu sob Pôncio Pilatos; foi crucificado, morto e sepultado; desceu à mansão dos mortos; ressuscitou ao terceiro dia; subiu ao céu e está sentado à direita de Deus Pai, todo-poderoso, de onde há de vir a julgar os vivos e os mortos. Creio no Espírito Santo, na santa Igreja Católica, na comunhão dos santos, na remissão dos pecados, na ressurreição da carne e na vida eterna. Amém.

SINAL DA CRUZ

Em nome do Pai, † do Filho † e do Espírito Santo. † Amém.

Faz-se um sinal da cruz [*completo, recitando a frase acima e traçando as cruzes nos momentos indicados*] na testa, pedindo a Deus a capacidade de compreender a palavra divina revelada no Evangelho. Faz-se um segundo sinal na boca, pedindo que ela possa proclamar a boa nova. Faz-se um terceiro sinal no peito, pedindo para guardar no coração e viver no dia-a-dia a mensagem de Cristo.

PRECE PELOS ESPÍRITOS SOFREDORES

Oração pelos espíritos que voltam ao mundo pedindo preces em seu favor, em resgate de pecados e males que cometeram, para saldarem dívidas ou indenizarem roubos cometidos.

Em nome do Pai, † do Filho † e do Espírito Santo. † Amém.
Nosso Senhor † Jesus Cristo padeceu e morreu na cruz pelos nossos pecados. Lembra-te, alma sofredora, de que Deus é misericordioso, Senhor do céu e da terra, monarca dos arcanjos e dos anjos, dos serafins e querubins, dos tronos, dominações e potestades, das onze mil virgens, dos santos patriarcas, dos doze apóstolos e dos quinhentos discípulos, dos santos mártires, dos que derramaram o seu sangue e perderam a vida na defesa e na propagação da fé. Lembra-te, alma, de que Nosso Senhor † Jesus Cristo encarnou, sofreu e morreu na cruz pela redenção da humanidade. Confia pois em † Jesus Cristo e na Sua Mãe Santíssima, a Virgem Maria, concebida sem pecado.
Volta para o lugar de onde vieste, calma e confiante no poder de Deus, na Sua Justiça e Misericórdia. Sai deste mundo, que não é mais o teu mundo. Regressa em paz.

OREMOS

Senhor Deus onipotente, onisciente, Pai Eterno. Nosso Pai e nosso Juiz. Deus clemente e misericordioso. Senhor † Jesus Cristo, redentor do gênero humano. Pelas Vossas santas chagas, pela Vossa força de martírio, pelos cravos que transpassaram Vossas mãos e Vossos pés.

Derramai o Vosso olhar misericordioso sobre esta alma em pena, que sofre pelos pecados que cometeu quando se achava neste mundo. Absolvei-a das culpas, perdoai-lhe os maus pensamentos, limpai-a das manchas das más ações que cometeu. Ouvi, Senhor, as suas preces, sede propício aos seus rogos, sede atento à sua confissão. Que as suas lágrimas, os seus gemidos, os seus soluços, os seus ais penetrem o Vosso amantíssimo coração para que, misericordioso como sois, lhe concedais o perdão, abrindo-lhe as portas do eterno paraíso onde reinais por todos os séculos dos séculos. Amém.

Alma aflita, o Deus de bondade e justiça ouvirá os teus rogos e aceitará o teu arrependimento. Quando estavas unida ao corpo carnal, pecaste, cedeste às tentações do mundo, julgavas que jamais te separarias do teu corpo, que agora jaz inerte e desfeito no seio da terra. Quando estavas unida ao corpo carnal, esqueceste os mandamentos da lei de Deus, não te lembraste da paixão e morte de Nosso Senhor † Jesus Cristo pela salvação da humanidade.

Depois que foste para o mundo dos espíritos, viste que Deus é justo, mas também misericordioso. E porque Ele é justo, acolherá o teu arrependimento, as tuas lágrimas, o teu sofrimento, conseqüência da tua desobediência à Lei Divina. Por ser Ele misericordioso te concederá o perdão aos teus pecados.

Vai, espírito, o teu sofrimento vai terminar e se transformar na alegria dos que moram em companhia de Deus. O poder de Deus mandará em teu socorro as hostes angélicas para te protegerem contra os demônios. Escoltado pelos soldados da milícia celeste, Satanás não terá a coragem de te fechar o caminho do céu. Nosso Senhor † Jesus Cristo te livrará dos teus martírios de agora e te receberá no Paraíso.

Regressa, alma, à mansão dos espíritos. Nosso Senhor † Jesus Cristo te absolverá dos pecados. Sua Mãe Santíssima, a Virgem Maria, será tua advogada e protetora. E assim perdoada e absolvida, alma sofredora, entrarás na mansão eterna, onde entoarás um hino de louvor a Deus, no coro dos anjos, patriarcas, apóstolos, virgens, mártires e todos os santos, por todos os séculos dos séculos. Amém.

Repetir três vezes:

Bem-aventurado aquele que teme ao Senhor.

Rezar um Credo, um Pai-nosso e uma Ave-Maria.

ORAÇÃO AO SAGRADO CORAÇÃO DE JESUS (1)

Sagrado Coração de Jesus, que sangrais por amor da humanidade, eu me consagro a Vós e adoro-Vos, de joelhos ante a Vossa santa imagem. Sagrado Coração de Jesus, consagro-Vos os meus atos, os meus sentimentos, os meus pensamentos.

A Vós consagro-me, assim como todas as pessoas da minha família, os meus amigos, os que sofrem neste mundo de padecimento, pedindo-Vos Vossa bondosa proteção em todos os momentos da minha existência.

Sagrado Coração de Jesus, ouvi a minha oração, feita com fé e piedade. Sustentai-me, Sagrado Coração, na luta contra o mal, no meu esforço por tornar-me digno do Vosso perdão, da Vossa clemência e da Vossa misericórdia.

Sagrado Coração de Jesus, Vós que tanto sofrestes pela redenção do gênero humano, atendei à minha prece. Eu Vos louvo, glorifico-Vos, exalto-Vos, com todas as forças de minha alma, animado do propósito de, auxiliado pela Vossa divina graça, caminhar sempre no caminho da virtude e do bem.

Sagrado Coração de Jesus, sede o meu guia, sede o amparo de todos os meus parentes, amigos e pessoas da minha família, a fim de que, iluminados pelo Vosso amor, caminhemos sempre pela estrada do cumprimento do dever, dando a todos nós paciência para suportar os males da terra,

a fim de podermos um dia gozar, no céu,
as delícias da vida eterna. Amém.

ORAÇÃO AO SAGRADO CORAÇÃO DE JESUS (2)

Nós Vos pedimos, Senhor, para derramardes as graças do Vosso amor e da Vossa misericórdia por sobre todos quantos sofrem, quer no espaço, como espíritos errantes, quer entre nós, pela fraquezas que cometemos. Fazendo-nos falíveis, deste-nos, todavia, a força para resistirmos ao mal até vencê-lo. Permiti que a Vossa misericórdia se estenda por sobre todas as criaturas que não puderam resistir aos maus pensamentos e ainda são arrastadas pelo mau caminho. Cerquem-nas os Vossos espíritos bem-aventurados e que aos seus olhos cintile a luz divina; que, atraídas pelo seu calor vivificante, elas se prosternem aos Vossos pés e Vos rendam graças, humildes, arrependidas e submissas.

Igualmente Vos pedimos, Pai de Misericórdia, pelos nossos irmãos que não tiverem forças para suportar as provações terrestres.

Deste-nos um fardo a carregar, Senhor, e não devemos depô-lo senão aos Vossos pés; mas nossa fraqueza é grande e a coragem falta-nos, às vezes, em caminho.

Tende piedade dos servidores indolentes que abandonarem a obra antes de soar a hora; poupai-os à Vossa Justiça, permitindo aos bons espíritos trazer-lhes consolação, alívio e esperança no futuro.

O bálsamo do perdão é fortificante para a alma; derramai-o, Senhor, sobre os culpados que desesperam, e eles, sustentados por essa esperança, buscarão forças na grandeza mesmo das suas faltas e dos seus sofrimentos, para resgatar seu passado e preparar-se para a conquista do futuro.

PRECE DE SÃO FRANCISCO DE ASSIS

Senhor,
Fazei de mim um instrumento de Vossa paz;
Onde houver ódio, que eu leve amor;
Onde houver ofensa, que eu leve perdão;
Onde houver erro, que eu leve a verdade;
Onde houver dúvida, que eu leve a fé;
Onde houver desespero, que eu leve a esperança;
Onde houver trevas, que eu leve a luz;
Onde houver tristeza, que eu leve alegria.
Fazei, Senhor, que eu procure tanto ser consolado, como consolar, ser compreendido, como compreender; ser amado, como amar.
Pois é dando que recebemos; é perdoando que somos perdoados; é morrendo que vivemos para a vida eterna.

Preces espíritas

PRECE DE CÁRITAS

Deus, nosso Pai, que tendes poder e bondade, dai a luz àquele que passa pela provação, dai a luz àquele que procura a verdade, ponde no coração do homem a compaixão e a caridade.

Deus, dai ao viajor a estrela-guia, ao aflito a consolação, ao doente o repouso.

Pai, dai ao culpado o arrependimento, dai ao espírito a verdade, dai à criança o guia, ao órfão o pai.

Senhor, que a Vossa bondade se estenda sobre tudo que criastes.

Piedade, meu Deus, para aquele que não Vos conhece, esperança para aquele que sofre.

Que a Vossa bondade permita hoje aos espíritos consoladores derramarem por toda parte a paz, a esperança e a fé.

Deus, um raio, uma faísca do Vosso amor pode abrasar a terra; deixai-nos beber na fonte dessa bondade fecunda e infinita e todas as lágrimas secarão, todas as dores se acalmarão; um só coração, um só pensamento subirá até Vós, como um grito de reconhecimento e amor.

Como Moisés sobre a montanha, nós esperamos com os braços abertos para Vós, oh! bondade, oh! beleza, oh! perfeição, e queremos de alguma sorte forçar Vossa misericórdia.

Deus, dai-nos a força de ajudar o progresso a fim de subirmos até Vós.

Dai-nos a caridade pura, dai-nos a fé e a razão.

Dai-nos a simplicidade, que fará de nossas almas o espelho onde se deve refletir a Vossa imagem.

PRECE PARA OS MÉDIUNS CURADORES

Para ser dita como preparação para um tratamento espiritual.

"Dai de graça o que de graça recebestes", disse Jesus a seus discípulos; com este preceito Ele ensina que ninguém deve fazer-se pagar pelo que recebeu gratuitamente. Ora, o que eles tinham recebido gratuitamente era a faculdade de curar doentes, expelir maus espíritos; esse dom lhes havia sido dado gratuitamente por Deus, para que eles aliviassem os que sofrem e para auxiliarem a propagação da fé, e então, Jesus aconselha que não façam dessa faculdade objeto de tráfico, especulação ou meio de vida.

Meu Deus, se for de Vossa vontade, dignai-

Vos, servir-Vos de mim, apesar de indigno, para aliviar o sofrimento deste meu irmão, pois tenho fé no Vosso amor.
Permiti, pois, que os bons espíritos me envolvam nos seus salutares fluidos, e que eu os possa transmitir a este enfermo.

PRECE PARA OS MÉDIUNS

Para ser dita individualmente, em momentos de meditação e preparação espiritual.

Meu Deus, eu bem sei que não tenho merecimento algum, mas, se for da Vossa vontade, permiti que os bons espíritos me assistam e, por intermédio deles, eu possa obter receitas e conselhos que aliviem os sofrimentos que afligem os nossos irmãos enfermos.
Se, pois, não for contrário aos Vossos desígnios, concedei-me a graça de uma boa assistência e uma salutar indicação para o fim que tenho em vista.
Mas, em todo caso, que a Vossa vontade seja feita e que a Vossa divina lei se cumpra.

PRECE À FALANGE MÉDICA DO ESPAÇO

Ó iluminados amigos do espaço, Falange Médica querida, nós suplicamos a vossa presença, através dos vossos fluidos salutares. Entendemos, amigos queridos, que, mensageiros de luzes como sois, podereis nos trazer o conforto de vossas preces, o alívio de vossos passes, o lenitivo de vossos bálsamos.

Suplicamos ao Grande Médico, Jesus, que Seus mensageiros, tendo à frente Bezerra de Menezes, Fernando Luz, Sergel, Pedro Rosas, Bicker, Fritz, Januário, Saulo e tantos outros, possam ajudar-nos na nossa luta diária e que possamos ter forças para enfrentar as nossas provas.

Que os males do nosso corpo e do nosso espírito possam desaparecer e que as luzes da Falange Médica do Espaço acompanhem nossa caminhada, permitindo que possamos trilhar nossa estrada com menos percalços, e que tenhamos sempre incentivo para procurar ir para a frente e para o alto.

PRECE PARA ABRIR UMA SESSÃO DE RECEITUÁRIO

A paz do Senhor para os que se fizerem bons, para os que se tornarem justos.

A felicidade está na doçura do bem distribuído sem idéia de remuneração. Um momento de conforto, derramado em uma só agonia, a simpatia com que se enxugou uma lágrima, bastam, muitas vezes, para a salvação de um condenado.

No crepúsculo melancólico da noite, por entre as sombras que baixam de todos os lados, silenciosas e densas, a reminiscência de uma simples intenção benfazeja pode irisar de esperança a pupila marejada do aflito. Que não será, pois, se o bálsamo que se espreme de uma ação nossa vai converter-se em nascente perene de benefícios?

O amor de Deus está em estado latente no coração de todo ser humano; exercitemo-lo praticando a caridade humildemente. Peçamos com fervor a Deus que nos permita praticá-la, como um penhor de resgate às nossas faltas.

Compenetremo-nos da elevação da nossa tarefa e humildes, mansos, desinteressados, recebamos as indicações que irão aliviar os nossos irmãos que sofrem.

PRECE DE ENCERRAMENTO DE UMA SESSÃO DE RECEITUÁRIO

Deus todo-poderoso, nós Vos agradecemos os benefícios que a Vossa misericórdia nos dispensou hoje.

Cego é aquele que não Vos reconhece, orgulhoso o que não Vos glorifica, ingrato o que não Vos rende graças.

Bendito sejais, meu Deus, que nos ensinastes que acharemos em novas existências os meios de resgatar e reparar passadas faltas. Permiti, Pai, que continuemos com fé ardente e sem esmorecimentos, a despeito das nossas dores, das nossas angústias, a prestar todo auxílio possível aos nossos irmãos que sofrem. Sustentai-nos, ó Deus, em nossas fraquezas, a vontade firme de sermos caridosos e bons para com todos.

PRECE DE ISMAEL

Glória a Deus nas alturas, paz na terra aos homens de boa vontade. Jesus, bom e amado Mestre, sustenta os Teus humildes filhos pecadores nas lutas deste mundo. Anjo bendito do Senhor, abre sobre nós as Tuas brancas asas e abriga-nos do mal do mundo. Levanta os nossos espíritos à majestade do Teu reino, infunde em todos os nossos sentidos a luz do Teu imenso amor; Jesus, pela Tua sagrada paixão, pelos Teus martírios na cruz, dá a esses que se acham ligados ao pesado fardo da matéria orientação perfeita no caminho da virtude, único pelo qual podemos Te encontrar.

Jesus, paz a eles, misericórdia aos nossos inimigos. Recebe no Teu seio bendito a prece do último dos Teus servos. Bendita Estrela, Farol das imortais falanges, purifica-nos com Teus raios divinos, lava-nos de todas as culpas, atira-nos para junto do Teu seio, Santuário Bendito de todos os amores.

Se o caminho de espinhos, escurecendo o nosso horizonte com as trevas do pecado, rebrilha mais com a Tua misericórdia, guia-nos para que, seguros e apoiados no Santo Evangelho, possamos trilhar e vencer as escabrosidades do carreiro e chegar às moradas do Teu reino.

Amigo, Estrela, Farol dos pecadores e dos justos, abre o Teu Seio Divino e recebe a nossa súplica pela humanidade inteira.
Assim seja.

PRECE POR UM ESPÍRITO SOFREDOR

Deus clemente e misericordioso, permiti que Vossa bondade se estenda sobre todos os espíritos que se recomendam às nossas preces e principalmente sobre a alma de [*dizer o nome da pessoa falecida*].

Bons espíritos, cuja única preocupação é o bem, intercedei conosco, para que eles sejam aliviados.

Fazei brilhar ante seus olhos um raio de esperança e de luz divina, que possa esclarecê-los quanto às imperfeições que os afastam da morada dos bem-aventurados! Abri seus corações ao arrependimento e ao desejo de se purificarem, para apressarem o seu adiantamento.

Fazei que possam compreender que, por seus esforços, podem abreviar o tempo de suas provações.

Que Deus, em sua bondade infinita, lhes dê valor para perseverarem nas boas resoluções. Possam estas palavras suavizar-lhes os sofrimentos, mostrando-lhes que há, na Terra, entes que sabem deles, compadecem-se deles e lhes desejam a felicidade.

PRECE PELOS ESPÍRITOS SOFREDORES QUE ATORMENTAM OS VIVOS

Irmãos infelizes que errais no espaço, sem achardes guarida; que vos conservais encerrados nas casas, verdadeiros prisioneiros do mal, saí da morte. Vós é que vos matais: ressuscitai para uma nova vida. Deixai vosso torpor, vinde trabalhar conosco nesta obra de caridade e de amor, e a felicidade raiará para vós.

Vossos corações, transformados em dura rocha, já não têm pulsações.

Deveis amar!

Em vez de serdes sensíveis, de escutardes a voz divina que vos exorta a abandonar a trilha do mal, o caminho do erro, preferis gozar a vida egoísta, lúbrica e mentirosa.

Tendes feito mal, tendes perjurado, tendes rido, quando era preciso chorar.

Sofreis e, no vosso endurecimento, não sabeis, mesmo reunidos, vos dizer: a vontade de Deus se manifestará mais hoje, mais amanhã; Ele podia vos reduzir, vos esmagar e obrigar-vos, por meio de sofrimentos atrozes, a abandonar o caminho de crimes que levais; mas Ele é bom, quer que cada um deva a si próprio a sua felicidade; que esta seja o produto do esforço de cada um.

Escutai nossos dizeres e vinde conosco trabalhar, a fim de que possais, um dia, obter o perdão das vossas culpas.

Meditai, queridos irmãos, e atendei às nossas exortações. Dizei ao vosso coração que viva e, quando ele despertar, quando ele estiver com vida, ordenai-lhe que ame, que ame com sacrifício, com dedicação, e estareis salvos.

PRECE POR UM AGONIZANTE

Deus onipotente e misericordioso, aqui está uma alma prestes a deixar o seu envoltório terreno, para volver ao mundo dos espíritos, sua verdadeira pátria. Dado lhe seja fazê-lo em paz, e que sobre ela se estenda a Tua misericórdia.

Bons espíritos que a acompanhastes na Terra, não a abandoneis neste momento supremo. Dai-lhe forças para suportar os últimos sofrimentos por que lhe cumpre passar nesse mundo, a bem do seu progresso futuro.

Inspirai-a para que consagre ao arrependimento de suas faltas os últimos clarões de inteligência que lhe restem, ou que, momentaneamente, lhe advenham.

Dirigi o meu pensamento, a fim de que atue de modo a tornar menos penoso para ela o trabalho da separação e a fim de que lhe consiga, ao abandonar a Terra, as consolações da esperança.

PRECE POR UM SUICIDA

Nós sabemos, ó Deus, a sorte reservada àqueles que violam Vossas leis, abreviando seus dias voluntariamente; mas sabemos, também, que a Vossa misericórdia é infinita. Dignai-Vos, Senhor, derramá-la sobre a alma deste nosso infeliz irmão.

Possam nossas orações e Vossa comiseração minorar a intensidade dos sofrimentos que ele suporta, por não ter tido a coragem de esperar o fim de suas provações.

Bons espíritos, cuja missão é assistir aos infelizes, tomai-o sob vossa proteção; inspirai-lhe o arrependimento de suas grandes faltas, e que a vossa resistência lhe dê a força e a coragem de sofrer, com maior resignação, as novas provações por que tiver de passar.

Desviai dele os maus espíritos que poderiam levá-lo, de novo, ao mal e prolongar seus sofrimentos, fazendo-o perder o fruto de suas futuras provações.

Vós, meu irmão, cuja desgraça faz o objeto de nossa prece, benigno e tolerante, confiai na suprema justiça de Deus, porque só assim conseguireis mitigar o vosso amargor e conquistar a esperança de um futuro melhor. Esse futuro está em vossas mãos. Pois que depende exclusivamente da vossa vontade.

Confiai na bondade de Deus, que tem o seio sempre aberto a todos os arrependimentos, e trabalhai com fervor pela prática do bem.

Que o nosso Anjo bom vos tome sobre suas brancas asas, neste momento, para nós, de tão grande angústia.

Preces para proteção e ajuda em geral

PRECE A NOSSO SENHOR JESUS CRISTO
Para obter uma graça especial, em ocasião de extrema dificuldade, ou a cura de uma doença grave.

Em honra à túnica que Ele vestia quando, carregando a cruz, ia para Monte Calvário, a fim de ser crucificado.
Em nome do Pai, † do Filho † e do Espírito Santo. †
Meu Senhor e meu Deus, Vossa virtude manifestou-se na cura dos doentes, dos aleijados, dos cegos, dos surdos e dos mudos. Pelo simples toque de Vossa túnica, curastes as doenças mais graves. Confiante em Vosso eterno poder sobre a vida e a morte, humildemente, prosternado diante da sagrada túnica que outrora cobria Vossa santa humanidade, penetrado da mais viva fé, da mais inteira confiança, do amor mais terno, ouso dirigir-Vos a eloqüente prece das irmãs de Lázaro, justamente alarmadas com o estado

de seu irmão. Como elas, eu Vos direi: "Senhor, aquele a quem amais está doente."
Tende piedade de mim, Jesus, segundo Vossa misericórdia. Lançai um olhar paternal sobre Vosso filho. "Se quiserdes podeis curar-me." Aceitai meu pedido. Soberano Senhor da Natureza, dizei-me, como dizeis aos leprosos: "Eu quero, estás curado."
Mas Senhor, eu sei que todas as enfermidades humanas têm sua origem no pecado. Posso pedir-Vos a cura de meu corpo, sem suplicar-Vos que me concedais também a cura das doenças de minh'alma? "Oh, Jesus, Filho de Davi, fazei que eu Vos veja", e veja também meus pecados e Vossa bondade, minhas ingratidões e Vosso amor, Vossa justiça e Vossa misericórdia.
Caridoso médico, curai minha surdez. Fazei que eu Vos ouça e com docilidade escute as lições de Vossa palavra. Não permitais mais que eu fique surdo às Vossas dignas inspirações, nem aos remorsos de minha consciência. Oh, meu Criador, soltai minha língua, há tanto tempo muda, para que ela de agora em diante cante Vossos louvores. Que a minha voz defenda Vossa lei santa, que eu fale distintamente para confundir os desastrosos projetos de impiedade e de descrença.
Meu Redentor, levantastes uma mulher que há dezoito anos estava curvada para a terra. Como ela, eu estou cansado. Como ela estou sempre curvado para a terra, vejo apenas as vantagens e as riquezas da terra,

procuro sempre os prazeres e as volúpias da terra. Vós que sois o Bom Pastor, esclarecei meu espírito, tocai meu coração. Fazei que meus suspiros se elevem até Vós, concedei-me contemplar a herança de Vossos eleitos e mostrai-me de longe essa eterna pátria, cuja conquista eu quero fazer a todo custo.

Meu terno Pai, auxiliai-me em meus esforços. Ajudai-me a andar e afinal chegar até onde Vós estais. Vede-me entre a multidão que me rodeia. Dignai-Vos curar as enfermidades deste corpo que, em breve, será somente cinzas e pó. Suplico-Vos um primeiro milagre, a cura da minha doença, de minhas enfermidades. Acrescentai um segundo milagre, a cura das chagas de meus olhos, fontes de lágrimas. Dizei-me aquelas palavras que dissestes ao paralítico: "Meu filho, tem confiança, teus pecados te são perdoados, toma teu leito, levanta-te e anda."
Assim seja.

NOVENA PODEROSA AO MENINO JESUS DE PRAGA PARA UMA DOENÇA GRAVE

Em casos urgentes, esta novena deverá ser feita em nove horas consecutivas, diariamente, acompanhada de uma defumação com um defumador Protetor Espiritual.

Oh! Jesus que dissestes: "Pede e receberás, procura e acharás, bate e a porta se abrirá." Por intermédio de Maria, Vossa Sagrada Mãe, eu bato, procuro e Vos rogo que minha prece seja atendida [*mencionar o pedido*].

Oh! Jesus que dissestes: "Tudo o que pedires ao Pai, em meu nome, Ele atenderá." Por intermédio de Maria, Vossa Sagrada Mãe, eu humildemente rogo ao Vosso Pai, em Vosso nome, que minha oração seja atendida [*mencionar o pedido*].

Oh! Jesus que dissestes: "O céu e a terra passarão, mas a minha palavra não passará." Por intermédio de Maria, Vossa Sagrada Mãe, eu confio que minha oração seja ouvida [*mencionar o pedido*]. Assim seja.

Rezar três Ave-Marias e um Salve-Rainha.

PRECE PARA PEDIR A CORREÇÃO DE UM DEFEITO

Deste-me, oh! meu Deus, a inteligência necessária para distinguir o que é bom do que é mau. Ora, do momento em que reconheço que uma coisa é má, torno-me culpado, se não me esforçar por lhe resistir.

Preserva-me do orgulho, que me poderia impedir de perceber os meus defeitos, e dos maus espíritos, que me possam incitar a perseverar neles.

Entre as minhas imperfeições, reconheço que sou particularmente propenso a [*citar o problema*] e, se não resisto a esse pendor, é porque contraí o hábito de a ele ceder.

Não me criaste culpado, pois que és justo, mas com igual aptidão para o bem e para o mal; se tomei o mau caminho, foi por efeito do meu livre arbítrio. Porém, pela mesma razão por que tive a liberdade de fazer o mal, tenho a de fazer o bem e, conseqüentemente, a de mudar de caminho.

Meus atuais defeitos são restos das imperfeições que conservei da minha passada existência; são o meu pecado original, de que me posso libertar pela ação da minha vontade e com a ajuda dos espíritos bons.

Protegei-me, pois, bons espíritos, e tu, principalmente, meu anjo-da-guarda, dá-me forças para resistir às más sugestões e para sair vitorioso da luta.

Os defeitos são barreiras que nos separam de Deus e cada um que eu suprima será um passo dado na senda do progresso que dele me há de aproximar.

Senhor, em sua infinita misericórdia, houveste por bem conceder-me esta existência terrena, para que servisse ao meu adiantamento. Bons espíritos, ajudai-me a aproveitá-la, para que não me fique perdida e para que, quando ao Senhor aprouver me retirar, eu dela saia melhor do que entrei.

PRECE A SÃO LUCAS

Para conservar uma boa saúde.

Em nome do Pai, † do Filho † e do Espírito Santo. †
Senhor, concedei-nos a graça de Vos amar, como Vos amava São Lucas, com todo o nosso espírito e com todas as nossas forças. Concedei-nos também a graça de servir-Vos, todos os dias, durante a nossa exis-

tência, a fim de merecer que sejam aceitas as preces que Vos dirigimos por intermédio de São Lucas, na esperança de que, pelos méritos desse Vosso apóstolo, conservemos perfeita saúde do corpo e do espírito. Por nosso † Senhor Jesus † Cristo. Assim seja.

Repetir três vezes:

São Lucas, que obtendes a saúde do corpo e da alma aos que vos invocam, rogai por nós.

Rezar um Pai-nosso e uma Ave-Maria.

PRECE PELOS AGONIZANTES

Esta prece deve ser rezada diante de um crucifixo, com duas velas acesas; pode ser dita a qualquer hora do dia, uma ou mais vezes por dia. Segundo a tradição, a prática diária desta prece conferirá a graça de uma boa morte.

Pelo sinal da Santa Cruz † livre-nos Deus Nosso Senhor † dos nossos inimigos. † Amém.
Dos abismos chamei-Vos, Senhor, ouvi a minha prece; que o meu clamor chegue até Vós. Oh, amantíssimo Jesus, nosso Deus e nosso Salvador, pelos Vossos sofrimentos, pela Vossa paixão e morte, pelas sete dores de Vossa Mãe, a Santíssima Virgem Maria, rogo-Vos que laveis em Vosso sangue, derramado na cruz, as almas dos pecadores hoje agonizantes, em toda a face da Terra. Sacratíssimo Coração de Jesus, tende piedade

dos que hoje vão morrer. Tende piedade dos que vão hoje comparecer ao Vosso tribunal.

Repetir três vezes:

Senhor Deus, misericórdia.

Preces para proteção na gravidez e no parto

PRECE A NOSSA SENHORA DO PARTO (1)

Toda mulher que trouxer consigo esta prece ao pescoço, rezando todos os dias sete Ave-Marias e um Salve-Rainha durante sete dias antes do parto, terá junto a seu leito a Virgem Santíssima do Bom Parto.

> Virgem Santíssima, virgem antes do parto, virgem no parto, virgem depois do parto, tal foi a obra do Espírito Santo, que gerou em vosso ventre imaculado o esplendor do mundo, vosso adorado e precioso filho Jesus Cristo. Infinita foi a vossa alegria em conduzir em vossos braços esse penhor de eterna duração, essa fonte de riqueza que vos fez subir ainda mais a esse trono, que tanto vos glorificou como Rainha dos anjos, e incomparáveis foram vossas mágoas, sobretudo quando vistes crucificado o vosso adorado Filho. Nessa hora, em que tudo para vós eram aflições e dor, nunca achastes quem vos consolasse, senão a vossa ternura de

Mãe Santíssima. A todo momento precisam os pecadores de vosso amor e bondade, mas nunca como nesta hora, dando-me um bom sucesso e a todos quantos implorarem o vosso santo nome. Amém.

Rezar três Ave-Marias e três Salve-Rainhas.

NOVENA DE NOSSA SENHORA DO PARTO (2)

As mulheres que, estando grávidas, rezarem esta oração, por nove dias seguidos antes do parto, terão ao seu lado Nossa Senhora do Bom Parto, que as assistirá no momento de darem à luz.

> É a vós que agora me dirijo, de olhos postos em vós, Virgem Santíssima, virgem antes do parto, virgem no parto e virgem depois do parto.
>
> É a vós que neste momento peço graça e auxílio, Virgem Santíssima, que imaculada sempre fostes por obra do Espírito Santo, que gerou em vosso ventre o esplendor de todos os tempos, do mundo inteiro, o vosso adorado e santo Filho, Jesus Cristo.
>
> É em nome do vosso santo Filho, Virgem Santíssima, que aqui estou, de joelhos, a vos rogar que não me desampareis e a solicitar vossa indispensável assistência para que eu tenha um bom sucesso.
>
> É a vós, Mãe Santíssima, que envio estas súplicas sinceras, na certeza de que sabereis me compreender e me amparar neste delicado transe. Amém.

Rezar três Ave-Marias e três Salve-Rainhas.

NOVENA DE NOSSA SENHORA DO PARTO (3)

Esta prece poderosa pode ser rezada em novena, por nove dias seguidos, antes do dia do parto. Quem a tiver sobre o peito, na hora do parto, terá bom sucesso.

Maria Santíssima, Mãe de Nosso Senhor † Jesus Cristo, que no ventre da Senhora Sant'Ana fostes concebida sem mácula do pecado original, virgem antes de conceberdes Jesus, por obra e graça do Espírito Santo, virgem durante a vossa gravidez, virgem depois de haverdes dado à luz do dia Aquele que é a luz do mundo, humildemente vos peço, pela vossa intercessão junto ao vosso Filho, perdão para os meus pecados.
Rogo-vos, Senhora, pelas sete espadas que transpassaram o vosso coração, quando vistes vosso Filho agonizante na cruz, a vossa proteção e a vossa assistência nas horas do meu parto, aliviando-me as dores, concedendo-me um feliz sucesso.
Maria, concebida sem pecado, rogai por nós, que recorremos a vós.

Rezar três Ave-Marias e um Salve-Rainha.

PRECE A SÃO LEONARDO

Para o alívio das dores do parto.

Meu Deus, meu único refúgio e toda minha consolação nas dores e sofrimentos que

ameaçam a minha vida, neste momento,
sustentai-me com o poderoso socorro de
Vossa Graça, pelos méritos e preces de São
Leonardo. Por Nosso Senhor † Jesus Cristo.
Assim seja.
São Leonardo, protetor das mães de família,
rogai por mim.

PRECE A SANTA MARGARIDA

Esta prece deve ser rezada durante todo o período da gravidez, para obter proteção contra doenças e acidentes.

Em nome do Pai, † do Filho † e do Espírito Santo. †
Deus de bondade e de misericórdia, que a todos nos criastes para a salvação eterna, que não quereis o mal de ninguém; peço-Vos, confiantemente, dignai-Vos socorrer-me pela intercessão de Vossa Santa Margarida, cujas virtudes e sofrimentos glorificaram Vosso nome. Por Nosso Senhor Jesus Cristo. Assim seja.

Repetir três vezes:

Santa Margarida, protetora das mulheres grávidas que se colocam sob vossa proteção, rogai por nós.
Santa Margarida, sede nossa advogada nas ocasiões difíceis.

Rezar um Credo, um Pai-nosso e uma Ave-Maria.

Preces para proteção de crianças

PRECE PARA UM RECÉM-NASCIDO
Esta prece deve ser dita pelos pais da criança.

Espírito que encarnaste no corpo do nosso filho, sê bem-vindo. Sê bem-vindo! Sê bendito! Oh! Deus onipotente, que no-lo mandaste.
É um depósito que nos foi confiado e do qual teremos, um dia, que prestar contas. Se ele pertence à nova geração de espíritos que hão de povoar a Terra, obrigado, oh! meu Deus, por essa graça! Se é uma alma imperfeita, cabe-nos o dever de ajudá-la a progredir na senda do bem, pelos nossos conselhos e bons exemplos. Se cair no mal, por culpa nossa, responderemos por isso, visto que, então, teremos falido em nossa missão junto dele.
Senhor, ampara-nos em nossa tarefa e dá-nos a força e a vontade de cumpri-la. Se esse filho nos vem como provação para os nossos espíritos, faça-se a Tua vontade!
Bons espíritos que presidistes ao seu nas-

cimento e que tendes de acompanhá-lo no curso de sua existência, não o abandoneis. Afastai os maus espíritos que tentem orientá-lo para o mal. Dai-lhe forças para lhes resistir às sugestões e coragem para sofrer com paciência e resignação as provas que o esperam na terra.

PRECE AO MÁRTIR SÃO CLEMENTE PELA SAÚDE DE UMA CRIANÇA

Em nome do Pai, † do Filho † e do Espírito Santo. †

Ó Jesus, que eu adoro, sob o amável nome de protetor da infância, que amastes as crianças, que as acariciastes, fazei que os meus filhos, pela intercessão de São Clemente, gozem de saúde, não somente corporal, mas também espiritual.

Repetir três vezes:

São Clemente, protetor das crianças, rogai por nós.

Rezar um Pai-nosso e uma Ave-Maria.

PRECE A SÃO SULPÍCIO

Para restituir a robustez a crianças fracas, assim como a saúde às que estejam doentes. Convém dizer esta prece por nove dias seguidos, podendo ser recitada mais de uma vez por dia, conforme a necessidade, acendendo sempre um defumador Anula Olho-grande.

Em nome do Pai, † do Filho † e do Espírito Santo.

Senhor Jesus Cristo, meu Deus todo-poderoso, que na Vossa bondade infinita dissestes: "Deixai vir a mim as criancinhas", dignai-Vos dar-nos a alegria de vermos curada esta criança, que na pia batismal recebeu o nome de [*dizer o nome da criança*]. Nós Vos pedimos e suplicamos, pelos méritos de São Sulpício. Interceda esse santo mártir por nós. Pelo sangue de Nosso Senhor † Jesus Cristo. Assim seja.

Repetir três vezes:

São Sulpício, que restituís a saúde aos nossos filhos doentes, rogai por nós e consolai-nos com o vosso auxílio.

Rezar um Credo, um Pai-nosso e uma Ave-Maria.

PRECE PARA PROTEGER CRIANÇAS CONTRA ACIDENTES

Para ser recitada como oração da manhã.

Nosso Senhor Jesus Cristo assim disse: "Venham a mim as criancinhas, porque delas é o Reino do Céu." Eis por que, Senhor, eu peço a Vossa proteção para todas as crianças que se encontram sob este teto; que nada lhes aconteça durante o correr do dia que ora se inicia. Em nome do Pai, † do Filho † e do Espírito Santo. † Amém.

Preces contra males gerais ou de causa desconhecida

PRECE A NOSSA SENHORA DA PENHA PARA OBTER A CURA DE UMA DOENÇA

Em nome do Pai, † do Filho † e do Espírito Santo. †

Nossa Senhora Mãe de Deus, vós que subistes ao céu levada pelos anjos, que pelas mãos de Deus Pai, Todo Poderoso, e de Deus Filho, Nosso Senhor Jesus Cristo, na presença de Deus Espírito Santo, fostes coroada Rainha do Céu e da Terra, ouvi a minha prece.

Vosso poder, vossa bondade, vossa misericórdia fazem com que os cegos vejam, os surdos ouçam, os paralíticos andem, os mudos falem, os maus se transformem em bons, os pecadores se convertam, os orgulhosos sejam abatidos, os malvados castigados.

Eu, pecador(a), arrependo-me, sinceramente, de meus pecados e peço-vos auxílio para não mais pecar. Eu desejo, Senhora, Rainha

do Céu, Mãe dos homens, conservar-me fiel aos ensinamentos de Vosso Divino Filho, o amantíssimo Jesus, que por nós sofreu, padeceu e morreu na cruz.
Tenho fé em que não faltareis com o vosso auxílio para a cura da minha alma e do meu corpo. Sarai esta minha enfermidade. Concedei-me a saúde, restituindo o vigor e a disposição para o trabalho, ao corpo combalido por esta ruim enfermidade.
Nossa Senhora da Penha, vossa imagem do alto rochedo enxerga grande extensão de terra, assim como vós, no céu, vedes todo o Universo criado pelo Senhor Deus, todo-poderoso. Lançai o vosso olhar sobre esta humilde criatura e favorecei-a com a vossa graça infalível.
Assim seja.
Saúde dos enfermos, orai por nós.
Refúgio dos pecadores, orai por nós.
Consoladora dos aflitos, orai por nós.

Rezar um Pai-nosso, três Ave-Marias e um Salve-Rainha.

PRECE CONTRA MALES FÍSICOS

Mal, † em nome de Nosso Senhor Jesus Cristo, eu te ordeno que deixes imediatamente este(a) infeliz. [*dizer o nome do doente*].
Mal, † de onde quer que venhas e o que quer que sejas, seja qual for o teu princípio, seja qual for a tua natureza, deves abandonar esta criatura de Deus.

Neste ponto deve ser feito o sinal da cruz por três vezes, prosseguindo a prece:

Mal, † em nome da Santa Cruz, desaparece incontinênti e não mais tornes a aparecer para molestar. [*repetir o nome do doente*].
Mal, † eu te ordeno que assim faças em nome do Pai, † do Filho † e do Espírito Santo. † Amém.

PRECE AO MÁRTIR SÃO PANTALEÃO

Para preservar de todos os males e perigos, corporais e espirituais.

Repetir durante sete dias seguidos, defumando a casa com Protetor Espiritual.

Senhor, fazei que não se apague em nossos corações a lembrança de Vossa bondade infinita. Concedei-nos sentir o poder de intercessão que outorgastes ao Vosso santo mártir, São Pantaleão, a fim de que ele nos socorra em todas as circunstâncias de nossa existência, quando recorrermos aos seus méritos para obtermos Vossa graça. Assim seja.

Repetir três vezes:

São Pantaleão, refúgio certo de todos que vos invocam, rogai por nós.

Rezar um Credo, um Pai-nosso e uma Ave-Maria.

PRECE A SANTA QUITÉRIA

Contra maus espíritos, epidemias e enfermidades.

Em nome do Pai, † do Filho, † do Espírito Santo. †
Santa Quitéria, esposa de Cristo, recebestes no céu a coroa da glória eterna.
Senhor meu Jesus Cristo, a Vós, que concedestes a Santa Quitéria a dupla coroa do martírio e da virgindade, nós suplicamos que, assim como destes à Vossa serva o poder de derrotar o demônio e de converter muitas almas, assim pelos méritos dessa Vossa santa dignai-Vos dar-nos a graça de, com a sua intercessão, estarmos defendidos das tentações do espírito das trevas.
Assim como concedestes a Santa Quitéria o dom de operar curas, nós Vos pedimos que, por sua intercessão, estejamos protegidos contra as doenças, contra a peste e contra as enfermidades do corpo e da alma.

Rezar um Pai-nosso e uma Ave-Maria.

PRECE CONTRA MOLÉSTIAS DESCONHECIDAS

Eu, [*dizer o nome de quem reza*], como criatura de Deus, feita à sua semelhança e com o seu sangue redimido, ponho preceito aos teus padecimentos, [*dizer o nome do doente*], assim como Jesus Cristo aos enfermos da Terra Santa e aos paralíticos de Sidônia; pois assim eu Vos peço, Senhor meu Jesus

Cristo, que Vos compadeçais deste Vosso servo e não o deixeis, Senhor, sofrer mais tribulações na vida.

Lançai sobre este Vosso servo a Vossa santíssima bênção, e eu direi, com a autoridade do seu e meu Senhor, que desapareçam todos os seus grandes padecimentos.

Amabilíssimo Senhor Jesus, verdadeiro Deus, que do seio do Eterno Pai Onipotente fostes mandado ao mundo para absolver os pecados, absolvei, Senhor, os que esta miserável criatura tiver cometido; vós, que fostes mandado ao mundo para remir os aflitos, soltar os encarcerados, congregar vagabundos, conduzir para sua pátria os peregrinos, fazei que este enfermo encontre o caminho da salvação e da saúde, porque ele está verdadeiramente arrependido.

Em nome do Pai, † do Filho, † do Espírito Santo †, amém.

Dizer um Pai-nosso e um Salve-Rainha.

PRECE PARA CURAR ESPINHELA CAÍDA

Nosso Senhor † Jesus Cristo, Filho de Deus Vivo, para sempre seja louvado.

Fazer uma cruz sobre a espinhela.

O que estiver caído levante-se. Em nome de Deus todo-poderoso.

Fazer uma cruz sobre a espinhela.

O que estiver desligado fique ligado. Em nome de Deus todo-poderoso.

Fazer uma cruz sobre a espinhela.

Assim seja.

Rezar um Credo, um Pai-nosso, uma Ave-Maria, um Salve-Rainha.
Terminadas as preces, dizer três vezes:

Louvado seja Nosso Senhor Jesus Cristo, para sempre seja louvado.

Preces contra problemas mentais e espirituais

PRECE A SÃO GILDÁSIO

Para obter a cura ou melhora de doentes mentais.

Em nome do Pai, † do Filho, † do Espírito Santo. †
Ouvi favoravelmente, Senhor, as humildes preces que Vos dirigimos, por intermédio de São Gildásio, e fazei com que sejamos auxiliados pelos méritos desse santo, que Vos serviu tão fielmente.
São Gildásio, levai perante o trono da Justiça Divina a prece que vos dirijo, a fim de auxiliardes [*dizer o nome da pessoa*], curando ou aliviando seus males, para maior glória de Deus. Assim seja.

PRECE CONTRA A MELANCOLIA (1)

Para aliviar um estado de depressão da própria pessoa que está rezando.

Virgem Maria, que em vossa concepção fostes imaculada, fazei que logo desapareça esta profunda melancolia que tanto me aflige.

Rezar três Ave-Marias.

PRECE CONTRA A MELANCOLIA (2)
Para aliviar um estado de depressão de outra pessoa.

Jesus nasceu, Jesus morreu. Jesus nasceu, Jesus morreu. Jesus nasceu, Jesus morreu. Assim seja curada a melancolia de [*citar o nome do paciente*], assim como estas palavras são certas.

Rezar três Pai-nossos em honra da Santíssima Trindade.

PRECE CONTRA O MAU-OLHADO
Repetir a prece durante 21 dias, acendendo um defumador Anula Olho-grande.

Em nome do Pai, † do Filho, † do Espírito Santo. †
Deus nos criou, Deus nos sustenta, Deus nos protege. Pelo poder de Deus, este mal irá embora. Pelo poder de Deus, este mal vai para fora. Este mau-olhado, pelo poder de Deus, vai ser anulado.
Se alguém te olhou com olhos ruins, invejosos, esse olhar há de voltar para quem o atirou, pelo poder de Nosso Senhor † Jesus Cristo.

Rezar um Credo, um Pai-nosso e um Salve-Rainha.

PRECE CONTRA O QUEBRANTO

Acender um defumador Anula Olho-grande. Colocar a mão direita sobre o coração da pessoa doente e dizer a seguinte prece:

> Nosso Senhor Jesus Cristo me ajuda onde eu ponha a mão.
> Cristo vive, reina e impera por todos os séculos dos séculos. Amém.
> Pelo poder de Nosso Senhor † Jesus Cristo, este quebranto vai sair pela cabeça, pelos lados, pelas costas, por cima, por baixo, por trás, pela frente. Assim como digo, com fé em Nosso Senhor Jesus † Cristo, assim se fará. Este quebranto vai sair pela frente, por trás, por cima, por baixo. Amém.

Rezar um Credo, um Pai-nosso, uma Ave-Maria, uma Salve-Rainha.

Preces contra acidentes e ferimentos

PRECE A SÃO COSME E SÃO DAMIÃO
Para curar feridas.

Em nome do Pai, † do Filho, † do Espírito Santo. †
Louvado seja Nosso Senhor † Jesus Cristo.
Para sempre seja louvado. Assim seja.
Sant'Ana, mãe de Maria; Maria, mãe de Jesus; nós vos invocamos a fim de que Deus benza † e cure † esta criatura ferida e que, em nome de Jesus, seja sarada a ferida, arranhão, ferimento ou qualquer outro dano, não causando mais nenhuma dor ou padecimento qualquer.
Assim seja.

Repetir três vezes:

São Cosme e São Damião, rogai a Deus por nós e para o nosso bem.

Rezar um Pai-nosso e uma Ave-Maria.

PRECE CONTRA CONTUSÕES E DESLOCAMENTOS DE OSSOS

Jesus nasceu, Jesus foi batizado, Jesus sofreu paixão e morte, Jesus ressuscitou e ascendeu aos céus, Jesus está sentado à direita de Deus Pai e desde ali virá a julgar os vivos e os mortos. Por estas grandes verdades, e pelo valor e confiança que inspiram aos cristãos, que estas contusões (ou deslocações) de [*dizer o nome da pessoa*], sejam curadas como o foram as chagas do Redentor.

Rezar cinco Pai-nossos em memória das cinco chagas de Jesus.

PRECE A SÃO LOURENÇO (1)

Para aliviar e curar queimaduras.

Fogo, criado por Deus, eu te ordeno e intimo † em Seu nome que abrandes teu calor, † que diminuas teus ardores, † cesses de aumentar e não formes nenhuma ferida neste corpo. Grande São Lourenço, que fostes colocado sobre um braseiro sem sentir dores, pela graça divina que estava convosco, rogai a Deus que Ele aceite minha prece, que Ele recompense nossa fé, curando [*dizer o nome da pessoa*], seu servo.

Soprar sobre a queimadura, em forma de cruz, dizendo:

Deus te cure † pelo seu poder. † Assim seja.

PRECE A SÃO LOURENÇO (2)
Para aliviar e curar queimaduras.

O fogo não tem frio, a água não tem sede, o ar não tem calor, o pão não tem fome. São Lourenço, curai estas queimaduras pelo poder que Deus vos deu.

Fazer o sinal da cruz e rezar um Pai-nosso dedicado a São Lourenço.

PRECE A TODOS OS SANTOS CONTRA QUEIMADURAS

Esta oração deve ser rezada logo após se verificarem as queimaduras.

São Cristóvão, São Pedro, São Miguel, São João, Santo Anastácio, Santo Amaro, Santa Catarina, Santa Adélia, Santa Ana, Santa Rita, todos os santos e santas que povoam as regiões celestiais, intercedei junto ao Senhor para que se digne amainar os males que o fogo, causando queimaduras, faz esta pobre criatura sofrer. Ela é digna da compaixão do Senhor, porque saberá reconhecer o incomensurável poder do criador dos céus e de todas as coisas que neles existem, rendendo-lhe graças e louvando e glorificando o Seu santo nome.

Em nome do Pai, † do Filho, † do Espírito Santo, † Amém.

PRECE CONTRA HÉRNIAS OU FRATURAS

Jesus encarnou nas puríssimas entranhas da Virgem Maria e nasceu e habitou entre nós; e, para nos ensinar a ter verdadeira fé, por Sua própria virtude e com a Sua graça, curava todas as enfermidades e doenças dos que Nele acreditavam e o procuravam; e para livrar-nos de todo o mal, sofreu paixão e morte; e para nos abrir as portas do Paraíso, ascendeu glorioso e triunfante aos céus, depois de haver vencido todas as fúrias infernais. Pois assim como estas palavras são certas, assim o é também que tu, [*dizer o nome do paciente*], podes ser curado da [hérnia *ou* fratura] de que padeces, pela virtude e em honra das três Pessoas distintas da Santíssima Trindade, a quem humildemente peço a graça de que te vejas tão depressa curado como Jesus de suas chagas.

Preces contra doenças graves

PRECE A SÃO FRANCISCO DE ASSIS

Para preservar de infortúnios, doenças, prejuízos ou obter a cura de uma doença grave, prolongada ou crônica, da própria pessoa, de parente ou conhecido.

Em nome do Pai, † do Filho, † do Espírito Santo. †

Seráfico São Francisco de Assis, que recebestes em vosso corpo as cinco chagas de Jesus Cristo, orai por nós. Bem-aventurado São Francisco, eu, pecador arrependido dos meus pecados, rogo a vossa intercessão para que eu seja perdoado de minhas faltas.

Peço-vos, meu glorioso e milagroso São Francisco, que, com o meu perdão, obtenhais do Altíssimo a permissão de socorrer-me, que estou vos pedindo essa proteção, animado da mais ardente fé em vosso poder milagroso.

Lembrai-vos de mim (ou de [*dizer o nome da pessoa*]). Eu vos peço, meu seráfico São Francisco, a graça de [*fazer o pedido*].

PRECE A NOSSA SENHORA DA CABEÇA

Salve, Imaculada! Rainha da Glória, Virgem da Cabeça, em cujo título admirável ciframse as nossas esperanças por serdes Rainha e Senhora de todas as criaturas.
Refúgio dos Pecadores, rogai por nós.
Esta invocação, repetida milhares de vezes em todo o universo, penetra até ao trono de glória onde estais sentada, volvendo à terra para trazer aos pobres pecadores torrentes de luzes e de graças. Socorrei-nos pois, ó dulcíssima Senhora! Que os nossos pecados e maldades não sejam um obstáculo aos vossos favores!
Sede para nós um constante auxílio em todas as nossas necessidades e aflições, especialmente na hora da morte, para que possamos, cobertos com o manto da vossa proteção, merecer as alegrias da vida eterna. Assim seja.

PRECE A NOSSA SENHORA DOS REMÉDIOS

Nossa Senhora dos Remédios, confiante em vosso poder, recorro a vós, pedindo a vossa intercessão junto ao Altíssimo em meu favor, amparando-me em minhas dificuldades, em meus sofrimentos, dando-me o remédio às minhas aflições, às minhas doenças.
Confio em vós, Nossa Senhora dos Remédios. Tenho fé em vosso poder e, animado(a) deste sentimento, peço-vos livrar-me deste perigo, curar-me esta dor, tirar-me desta difi-

culdade, dando-me energia, saúde e alegria. Nossa Senhora dos Remédios, vós não desamparais aqueles que vos imploram cheios de fé. Assim, espero que ouvireis a minha prece e que, segundo o meu merecimento, estarei logo aliviado(a), protegido(a), defendido(a).
Olhai-me, Senhora dos Remédios, piedosa, e tende compaixão de mim, cujos pecados levaram o vosso Amantíssimo Filho ao sofrimento e à morte no madeiro. Rogai-lhe, Nossa Senhora dos Remédios, que me perdoe e me alcance as mercês que vos peço, humilde e animado(a) de muita fé em vosso amor. Assim seja.

Rezar um Pai-nosso, uma Ave-Maria e um Salve-Rainha.

PRECE A FREI FABIANO DE CRISTO

Para obter a cura de moléstia grave, própria ou de outra pessoa.

Em nome do Pai, † do Filho, † do Espírito Santo. †
"Bem-aventurados os que se humilham porque serão exaltados", são palavras de Nosso Senhor † Jesus Cristo e de cuja verdade deu testemunho vossa santa vida, Frei Fabiano de Cristo.
Toda vossa existência foi um modelo de humildade, resignação e caridade, a serviço dos pobres, dos humildes, dos doentes e dos necessitados de amparo e consolo espiritual.

Servindo aos semelhantes, fostes um fiel servidor de Nosso Senhor † Jesus Cristo, que vos deu o merecido prêmio às vossas virtudes.

De vossa humilde condição, Deus vos elevou à glória da santidade em sua corte celeste. "Bem-aventurados os que se humilham porque serão exaltados."

PRECE CONTRA A PARALISIA

Adoradíssimo Jesus, inesgotável fonte de clemência, assim como Te dignaste curar o paralítico que foi ao Teu encontro, dizendo-lhe: "Levanta-te, toma tua cama e vai para casa", assim Te suplico, Te digneis curar [*dizer o nome do doente*], que com todo fervor Te implora. Eu Te suplico que não deixeis de ouvir esta prece, e reverente ele Te saudará com os anjos do Paraíso, dizendo fervorosamente, e nestas palavras pondo todo o seu coração e sinceridade: Santo, santo, santo é Deus dos exércitos, a quem todo mundo venera e adora.

Rezar três Pai-nossos, duas Ave-Marias e um Glória-ao-Pai.

PRECE CONTRA TUMORES

Rezar esta oração por nove dias seguidos.

Em nome do Pai † do Filho † e do Espírito Santo † eu ordeno que estes tumores malignos desapareçam do corpo de [*dizer o nome*

do doente], da mesma forma como desaparece o diabo ao ver a sacratíssima Cruz.
Devem ir de vez e não mais voltar, para sossego desta criatura de Deus, que em Deus crê, o seu Santo Nome louva e glorifica, a todas as horas do dia e a todas as horas da noite.
Santo, santo, santo é o Senhor Deus dos exércitos; cheia está a terra de Sua glória. Amém.

PRECE CONTRA O CÂNCER

O câncer e Jesus Cristo vão a Roma.
O câncer se vai e Jesus volta, e viva Cristo!
Morra o câncer e viva a fé em Jesus Cristo!
Amém.

PRECE A SANTO ANDRÉ AVELINO CONTRA A APOPLEXIA

Deus e Senhor nosso, que, tendo morto de apoplexia o bem-aventurado André Avelino, Te dignaste conferir-lhe a graça de recebê-lo no eterno santuário de Tua glória e ser desde ali o intercessor para Contigo dos que padecem deste mal, reverentes Te suplicamos que, por seus méritos e sua misericórdia, seja curado(a) [*dizer o nome do doente*] do ataque que o(a) prostra. E sirva tudo isso para honra e glória Tua. Assim seja.

Rezar um Pai-nosso a Santo André Avelino e três à Santíssima Trindade.

PRECE CONTRA TUMORES NOS SEIOS
Repetir três vezes:

Jesus viveu, † Jesus morreu, † Jesus ressuscitou. † Como estas palavras são verdades, fazei a graça de curar o seio doente do lado [esquerdo *ou* direito] de [*dizer o nome da enferma*] com a maior brevidade.

A seguir, rezar três Pai-nossos em honra da Santíssima Trindade.

PRECE A SÃO MAXIMILIANO
EM FAVOR DE UM PORTADOR DE ALGUM VÍCIO

Bondoso Senhor, Deus todo poderoso, Vós enchestes o coração de Vosso sacerdote e mártir, São Maximiliano Kolbe, de zelo pelas almas e amor pelos semelhantes.

Jesus, que dissestes: "Não há maior amor que o daquele que dá sua vida por seus amigos." Pela intercessão de São Maximiliano Kolbe, cuja vida ilustrou esse amor, eu imploro que atendais meu pedido: [*fazer o pedido*].

Em nome do Pai, † do Filho † e do Espírito Santo. † Amém.

Preces contra males dos olhos e ouvidos

PRECE A SANTA LUZIA

Santa Luzia, virgem e mártir, que muito sofrestes pelo nome de Jesus, confiando em vosso poder, venho ajoelhar-me aos vossos pés, suplicando sede atenta aos meus rogos. Sede a minha intercessora junto ao Salvador, alcançando-me a graça de receber a luz espiritual, que me permita caminhar pela senda da virtude e da caridade. Auxiliai-me, para que eu não me deixe seduzir pelas tentações do mundo.

E assim como espero que me concedereis a luz do espírito, assim confio em que me conservareis a luz dos meus olhos, preservando-me dos enganos e das doenças da vista, para que, contemplando as maravilhas do céu e da terra, eu possa levantar o espírito à majestade e ao poder do Criador do Universo. Amém.

Rezar um Pai-nosso e uma Ave-Maria.

PRECE A SANTA CLARA

Para curar males da vista.

Em nome do Pai, † do Filho, † do Espírito Santo. †
Deus, que nos dais por amigos e protetores Vossos bem-aventurados santos, cujos corações estão cheios de zelo e de caridade por nós, eu Vos suplico, concedei-nos nossa cura pelos méritos e preces de Santa Clara de Assis, a fim de podermos Vos render graças eternamente.
Santa Clara, que curais os males da vista, orai por nós.
Santa Clara, protetora dos doentes da vista, rogai por nós.
Santa Clara, socorrei-nos.

Rezar um Pai-nosso e uma Ave-Maria.

PRECE CONTRA A NUVEM DOS OLHOS (CATARATA OU BELIDA)

Nuvem, nuvem, de sangue e água formada, em honra e glória da Santíssima Trindade † que seja prontamente curada.

Rezar três Pai-nossos em honra da Santíssima Trindade.

PRECE A SANTA LUZIA
CONTRA O TRACOMA

Santa Luzia, que dos olhos dos homens é a padroeira, não nos abandoneis um só momento.
A vós, Santa Luzia, solicitamos que nos ampareis sempre que nossa vista estiver em perigo.
E é também a vós, Santa Luzia, que rogamos nos livre de qualquer mal da vista, principalmente do tracoma, que tanto aflige esta pobre e pecadora criatura que neste mundo responde pelo nome de [*dizer o nome do doente*].
Certos estamos, oh! sublime Santa Luzia, de que vossos ouvidos receberão esta súplica e que vós sabereis amparar este pobre filho de Deus, cujos padecimentos se agravam dia a dia.
Fazei, pois, oh! Santa Luzia, que [*dizer o nome do doente*] se cure o mais brevemente possível, que dentro em pouco possa, livre de seus males, abençoar e louvar o vosso santo nome.
Em nome do Pai, † do Filho † e do Espírito Santo. † Amém.

Rezar três Pai-nossos e três Ave-Marias.

PRECE A SANTA MARIA DE CLEOFAS
CONTRA O TRACOMA

Esta prece deve ser rezada durante nove dias seguidos.

Mãe de São Simão, advogada contra as nuvens, clara é a lua, claro é o sol e clara seja a vista de [*dizer o nome do paciente*], graças à vossa intervenção.

Rezar três Pai-nossos em honra da Santíssima Trindade.

PRECE A SANTA CECÍLIA CONTRA DORES DE OUVIDO

Repetir por três dias seguidos.

Santa Cecília, que em santa glória estejais.
Santa Cecília, que na Corte Celestial espargis os sons de vossas divinas músicas.
Santa Cecília, contrito e cheio de fé, eu vos peço sejais minha advogada e que intercedais junto ao Senhor para que, neste instante, desapareça a terrível dor que tanto faz sofrer [*dizer o nome da pessoa*], e que o(a) impede de ouvir as dulcíssimas notas de vossas divinas músicas.
Santa Cecília, sois a bondade personificada.
Santa Cecília, rogai por [*dizer o nome da pessoa*].
Santa Cecília, rogai por nós.

Rezar três Pai-nossos e três Credos para a Santíssima Trindade.

PRECE CONTRA MALES DO OUVIDO E SURDEZ

Senhor meu Jesus Cristo, Tu que Te dignaste livrar de suas doenças o surdo-mudo de

Cecápolis, somente pondo os dedos em seu ouvido e lhe dizendo "Seja aberto", concede-me a graça de que, em Teu nome e imitando os Teus milagres e as Tuas virtudes, eu possa curar [*dizer o nome do doente*] do mal de ouvido [*ou* da surdez etc.] de que padece.

Rezar o Credo como testemunho da fé nos méritos de Jesus Crucificado.

Preces contra dores e reumatismos

PRECE AO ARCANJO SÃO RAFAEL
Para obter a cura de reumatismo e doenças leves.

São Rafael, cujo nome significa médico de Deus, vós que fostes encarregado de acompanhar o jovem Tobias em sua viagem ao país dos Medas, e que, ao voltar, curastes a cegueira do pai de Tobias.
São Rafael, vós que ajudastes e socorrestes os pais de Tobias, fazendo que se realizassem seus desejos e aspirações, nós vos imploramos e pedimos vossa assistência.
Sede nosso protetor perante Deus, pois vós sois o caridoso médico que Ele envia aos seus fiéis.
São Rafael, cura-me (*ou* cura [*dizer o nome do doente*]) desta doença. Restitui-me (-lhe) a saúde, pois não deixaremos de vos render graças.
Assim seja.

Rezar um Pai-nosso, uma Ave-Maria e um Credo.

PRECE CONTRA DORES DE CABEÇA

A Santíssima Virgem Maria concebeu Nosso Senhor Jesus Cristo, enviado à terra para redimir e indicar aos pecadores o verdadeiro caminho que conduz aos céus.
Nosso Senhor Jesus Cristo veio ao mundo por obra e graça do Todo-poderoso.
Nosso Senhor Jesus Cristo sofreu a Santa Paixão.
Nosso Senhor Jesus Cristo foi crucificado pelos ímpios, que ele perdoou na hora da morte.
Nosso Senhor Jesus Cristo ressuscitou.
Nosso Senhor Jesus Cristo é o nosso Rei.
E pela Santíssima Trindade e pelas cinco chagas abertas no sacratíssimo corpo de Nosso Senhor Jesus Cristo, rogo aos céus que me desapareçam as dores de cabeça que tantos sofrimentos me estão causando.
Em nome do Pai, † do Filho, † do Espírito Santo † Amém.

Rezar cinco Ave-Marias e cinco Salve-Rainhas.

PRECE CONTRA AS DORES NOS RINS

Esta prece deve ser rezada às segundas-feiras, ao nascer do sol.

A expressão "dor nos rins" não se refere a uma doença dos rins, mas à dor nas costas, aproximadamente na altura dos rins, causada por um problema muscular ou na coluna vertebral.

Jesus, † Jesus, † Jesus. † Muito sofrestes na Terra. Muito Vos maltrataram os homens ímpios, que em Vós não souberam reconhecer, antes de Vossa santa morte, o Redentor. No calvário fostes sacrificado; na cruz padecestes as maiores torturas. De nada Vos queixastes. Porque dúvida alguma era possível para Vós, de que todo este sacrifício se destinava a redimir os filhos de Vosso Pai, que preferiu Vos sacrificar e, assim, redimir dos pecados os impenitentes pecadores. Santa era a Vossa missão; e santo foi o Vosso comportamento, silenciando diante das maiores e mais iníquas torturas. Eis a razão porque sois bem-aventurado e através dos séculos estais gozando a bem-aventurança que continuareis a gozar através dos séculos e séculos.

Jesus, † Jesus, † Jesus. †

Certo(a) estou, pois, de que não olvidareis as súplicas que aqui Vos farei e que partem de um penitente que muito vem sofrendo e que muito deseja uma cura que apenas de Vós pode partir.

É imenso o meu sofrer em conseqüência das dores de rins que me vêm atormentando, meu Senhor Jesus Cristo. Noites e noites, dias e dias sou atacado(a) por essas dores, que não me deixam, que não me abandonam um só momento e crescem de intensidade a cada hora que passa. Eis que a Vós recorro, certo de que de Vosso trono podereis me auxiliar, sendo que neste mundo

terreno não poderei encontrar qualquer alívio para esses males, que aumentam de minuto a minuto.
Jesus, † Jesus, † Jesus. †
Peço-Vos, encarecidamente, que me socorrais. E não duvido da Vossa pronta intervenção, pois que com esta prece, feita com toda sinceridade e unção, já me encontro bem mais aliviado e já me parece que estou a caminho de uma cura radical.
Em nome do Pai, † do Filho † e do Espírito Santo. † Amém.

Rezar três Pai-nossos, duas Ave-Marias e um Credo, em intenção à Santíssima Trindade.

Preces contra doenças contagiosas

PRECE A SÃO SEBASTIÃO
Contra epidemias e outros flagelos.
Repetir cada quarta-feira pela manhã e à noite, acendendo um defumador Protetor Espiritual.

Em nome do Pai, † do Filho, † do Espírito Santo. † Amém.
Ínclito e glorioso mártir, continuai a lançar vossas vistas benignas sobre este país, e particularmente sobre esta cidade; se todo o tempo vos declarastes sempre nosso especial advogado, continuai a prodigalizar-nos os benignos impulsos da vossa ardente caridade. Afastai de nós, ó santo bendito, os terríveis flagelos da peste, da fome e da guerra; vigiai para que tão medonhas calamidades não venham perturbar o nosso repouso e alcançai-nos daquele Deus, que foi sempre o único objeto das vossas delícias, aquela graça de que necessitamos para que, imitando-vos nas virtudes em que

tão eminente fostes sobre a terra, possamos, no termo dos nossos dias, alcançar um feliz trânsito para a eternidade, onde, participando da bem-aventurança de que gozais, possamos, também, acompanhar-vos nos louvores que ao Rei da Glória tributais por todos os séculos sem fim.
Assim seja.

Rezar um Pai-nosso e uma Ave-Maria.

PRECE A SÃO ROQUE (1)

Caridoso São Roque, cujo ardoroso coração se compadecia de todos os bichos e que era socorrido por um cachorro, que lhe lambia as chagas, há de ser o meu protetor nas enfermidades.
Oh, glorioso santo, vós que fostes humilde em vossos sofrimentos, ouvi a minha prece, que vos dirijo cheio de fé em vosso merecimento perante Jesus.
Livrai-nos dos contágios das doenças, afastai-nos dos males da alma, a fim de que possamos ser dignos de um dia entrar no céu.
Assim seja.

Rezar um Pai-nosso.

PRECE A SÃO ROQUE (2)

Para ficar livre de doenças contagiosas.

Senhor nosso Deus, Vós prometestes ao Bem-aventurado São Roque, pelo ministério de um anjo, que todo aquele que o tivesse invocado, não seria atacado do contágio da peste. Fazei, Senhor, que, assim como nós comemoramos os seus prodígios, fiquemos também livres, pelos seus merecimentos e rogativas, de toda a peste do corpo e da alma. Por Jesus Cristo Nosso Senhor. Amém.

Rezar um Pai-nosso, uma Ave-Maria e um Glória-ao-Pai.

PRECE A SANTO ADRIANO, MÁRTIR

Contra doenças contagiosas.

Em nome do Pai, † do Filho, † do Espírito Santo. †
Nós nos unimos aos Vossos santos mártires, meu Deus, para cantar Vossos louvores, bendizer-Vos, merecendo a particular proteção deles para a salvação de nossas almas pela saúde de nossos corpos. Nós Vos rogamos, por Nosso Senhor † Jesus Cristo. †
Assim seja.

PRECE À ESTRELA DO CÉU, MARIA SANTÍSSIMA

Contra a peste e as epidemias.

Bendita sois, Maria, Mãe do Filho de Deus, Rainha dos Anjos.
Maria Santíssima, Estrela que brilhais no céu com um fulgor mais vivo do que o do

astro matutino, ouvi a minha prece. Maria Santíssima, por obra e graça do Espírito Santo, concebestes o Filho de Deus que morou em vosso ventre nove meses.
Oh! Estrela do céu, pura e bela, mais pura e mais bela do que todas as estrelas do firmamento, orai por nós.
Virgem Santíssima, protegei-nos contra a peste, contra as doenças que flagelam a humanidade, em punição aos pecados dos homens. Estrela do mar, que a vossa luz seja mais potente do que o influxo dos astros maléficos, cujas influências nefastas produzem as pestes, as doenças, os males que acarretam a morte.

Rezar um Salve-Rainha.

Oh, Maria, concebida sem pecado, rogai por nós, que recorremos a vós. Oh! Estrela do céu, que a vossa luz puríssima nos proteja, nos ilumine e nos guie. Estrela do céu, clara e cheia de beleza, sede a nossa guia em nosso caminho na terra.
Oh, Santíssima Virgem, Mãe de Deus, livrai-nos das tentações, protegei-nos nas atribulações. Amém.
Estrela do céu, sede a nossa guia.
Estrela do céu, sede a nossa luz.

Rezar um Pai-nosso, uma Ave-Maria, um Salve-Rainha.

Senhor Deus de justiça, misericórdia e amor, ouvi a nossa prece. O Anjo da Morte obedece às Vossas ordens. Se mandais ferir, ele fere. Se ordenais que ele suspenda o extermínio, ele recolhe a espada. Senhor eterno, sede complacente, ouvi os nossos rogos. Poupai-nos, Senhor, à Vossa justiça. Perdoai os nossos pecados. Lançai sobre o Vosso povo os Vossos olhares de complacência. Louvado seja Nosso Senhor † Jesus Cristo. Para sempre seja louvado. Amém.

PRECE CONTRA A MALEITA (MALÁRIA)

O espírito maligno parece ter saído de sua infernal morada e haver se transportado aos pântanos. Nas águas insalubres se encontra a enfermidade que tantos e tantos males causa.
Deus, porém, sabe neutralizar os males no mundo, que são espalhados pelo anjo mau.
Deus, porém, protege todos aqueles que n'Ele crêem e não duvidam de seu poder.
Deus, porém, possui infinita misericórdia.
E Deus, por isso, olhará por esta criatura que foi tocada pela maleita, que nas águas insalubres foi colocada pelo espírito maligno.
Cremos em vós, Ó nosso Bom Deus!
Rogai por nós, Bom Deus.
Amém.

Preces contra inflamações e febres

PRECE A SÃO BENTO
Contra inflamações, erisipelas e febre.

Pai Celeste, pelos méritos de São Bento, afastai de mim o mal que me aflige. O nome do Bem-aventurado São Bento é abençoado eternamente. São Bento tudo obterá de Vossa bondade e justiça. Pelas suas preces, afaste-me São Bento de tudo quanto Vos ofenda, Senhor Deus. Obtenha São Bento, para mim, as graças de Vossa Providência. Por Nosso Senhor † Jesus Cristo. Assim seja.
São Bento, protegei-me dos ataques do demônio.
São Bento, protegei-me de moléstias e males imprevistos.
São Bento, curai-me, com a permissão de Deus, nosso Pai.

Rezar um Pai-nosso e uma Ave-Maria.

PRECE A SÃO HUGO

Contra a febre.

Em nome do Pai, † do Filho, † do Espírito Santo. †
Nós Vos suplicamos, Senhor, que a intercessão do bem-aventurado São Hugo nos torne merecedores de Vossa Graças. Socorrei-nos, Jesus, pela bondade infinita que Vos faz participar de todos os nossos sofrimentos. Nós Vos pedimos, por Nosso Senhor † Jesus Cristo. Assim seja.

Repetir três vezes:

São Hugo, que por vossa poderosa intercessão dominais a febre, rogai por nós.

Rezar um Pai-nosso e uma Ave-Maria.

PRECE A SANTO ANTÃO, EREMITA

Para a cura de moléstias da pele.

Em nome do Pai, † do Filho, † do Espírito Santo. †
Deus Todo Poderoso, que sentis prazer em glorificar Vossos servidores, eu Vos peço, humildemente, socorrei-me em minha aflição, pela intercessão de Santo Antão, eremita, que hoje estou implorando. Ouvi a minha prece, Senhor Deus, pelo sangue de Nosso Senhor † Jesus Cristo.

Assim seja.

Repetir três vezes:

Santo Antão, eremita, que nunca faltais com vosso socorro aos que vos invocam, rogai por nós.

Rezar um Credo, um Pai-nosso e uma Ave-Maria.

PRECE CONTRA A FEBRE

Senhor, meu Senhor † que por nós, pecadores, tanto sofrestes, dignai-Vos livrar este servo da moléstia de que está padecendo, da aflição em que o vejo, porque Vós recebestes de Deus Pai Todo Poderoso o gênero humano para o amparar.

Feito homem prodigiosamente, comprastenos o Paraíso com o Vosso precioso sangue, estabelecendo uma inteira paz entre os anjos e os homens.

Assim, pois, dignai-Vos, Senhor, estabelecer uma paz entre os humores e a alma, para que [*dizer o nome do doente*] e todos nós vivamos com alegria, livres de moléstias, tanto do corpo como da alma.

Sim, meu Deus e meu Senhor, resplandeça, pois, a Vossa paz e a Vossa misericórdia sobre mim e todos nós.

Assim como praticastes com Esaú, tirando-lhe toda a aversão que tinha contra seu irmão Jacó, estendei, meu Senhor Jesus Cristo, sobre [*dizer o nome do doente*], criatura Vossa, o Vosso braço e a Vossa graça, e dignai-Vos a livrá-lo(a) de todos os que lhe têm ódio, como livrastes Abraão das mãos dos caldeus; seu filho Isaac, da consciência do sacrifício; José, da tirania de seus irmãos; Noé, do dilúvio universal; Lot, do incêndio de Sodoma; Moisés e Abraão — Vossos servos — e o povo de Israel, do poder do Faraó e da escravidão do Egito; Davi, das mãos de Saul e do gigante Golias; Suzana, do crime de testemunho falso; Judite, do soberano e impuro Holofernes; Daniel, da cova dos leões; os três mancebos Sidrath, Misach e Abdenago, da fornalha do fogo ardente; Jonas, do ventre da baleia; a filha de Cananéia, da vexação dos demônios; Adão, da pena do inferno; Pedro, das ondas do mar e Paulo, dos cárceres; assim, pois, amabilíssimo Senhor Jesus Cristo, Filho de Deus Vivo, atendei também a mim, criatura Vossa, e vinde com presteza em socorro de [*dizer o nome da pessoa*], pela Vossa encarnação e nascimento, pela fome, pela sede, pelo frio, pelo calor, pelos trabalhos e aflições, pelas salivas e bofetadas, pelos açoites e coroas de espinhos, pelos cravos, fel e vinagre, pela cruel morte que Vós padecestes, pela lança que transpassou Vosso peito e pelas palavras que na cruz dissestes, primeiro, a Deus Pai Onipotente:

– Perdoai-lhes, Senhor, porque não sabem o que fazem.

– Meu Deus, meu Deus, porque me abandonastes?

Depois ao bom ladrão, que convosco estava crucificado:
– Digo-te, na verdade, que hoje estarás comigo no Paraíso.
Depois à vossa Mãe:
– Mulher, eis aqui o teu filho.
Depois ao discípulo:
– Eis aqui a tua mãe (mostrando que cuidáveis de Vossos amigos).
Depois dissestes:
– Tenho sede (porque desejáveis a nossa salvação e das almas santas que estavam no Limbo).
Depois dissestes ao Vosso Pai:
– Nas Vossas mãos encomendo meu espírito.
E por último exclamastes:
– Está tudo consumado.
Porque estavam concluídos todos os Vossos trabalhos e dores.
Dignai-vos, pois, Senhor, que desde esta hora em diante, jamais [*dizer o nome da pessoa*] sofra desta moléstia, que tanto o(a) mortifica.
Rogo-Vos, por todas estas coisas e pela Vossa ressurreição gloriosa, pelas freqüentes consolações que destes aos Vossos discípulos, pela Vossa admirável ascensão, pela vinda do Espírito Santo, pelo tremendo dia do Juízo, como também por todos os benefícios que tenho recebido da Vossa bondade, porque Vós me criastes do nada e me concedestes a Vossa santa fé.
Por tudo isso, meu Redentor, meu Senhor Jesus Cristo, humildemente Vos peço que lanceis a

Vossa bênção sobre esta criatura enferma.
Em nome do Pai, † do Filho † e do Espírito Santo. † Amém.

Rezar uma Ave-Maria e um Pai-nosso, em louvor da Santíssima Trindade.

PRECE A SÃO PEDRO E SÃO PAULO CONTRA ERISPELA

Esta prece deve ser dita todos os dias, até a erisipela desaparecer. Cortar uma mecha de lã de uma ovelha branca; tomar um pouco de azeite de oliveira. Embeber bem a lã no azeite e espremer sobre a erisipela, dizendo:

São Pedro e São Paulo foram a Roma.
São Pedro e São Paulo estiveram em Roma.
São Pedro e São Paulo saíram de Roma.
São Pedro e São Paulo voltaram a Roma, para curar os romanos doentes de erisipela.
Nosso Senhor † Jesus Cristo deu ordem aos seus apóstolos que, em Seu nome, curassem erisipela com azeite de oliveira e lã de ovelha. É o que eu, humilde servo de Deus, estou fazendo com esta erisipela, que vai sarar pelos méritos de São Pedro e de São Paulo e pelo poder de Nosso Senhor † Jesus Cristo.
Assim seja.

A lã não deve ser encostada na erisipela; só o azeite deve pingar sobre ela. Deve-se aplicar o azeite até o fim. Depois, queimar a mecha de lã.

PRECE A SÃO MARCIAL
PARA CURAR ERISPELA

Ao recitar, fazer sobre a erisipela as cruzes assinaladas no texto da oração.

Em nome de Deus † Pai † e do Filho de Deus † e de São Marcial †, que nem por fora † nem por dentro † lhes façam nenhum mal.

Rezar três Pai-nossos, dedicados à Santíssima Trindade.

PRECE PARA CURAR ERISIPELA (1)

Senhor, tende piedade de [*dizer o nome do paciente*], que tanto e tão resignadamente vem sofrendo.
Jesus Cristo, apiedai-Vos de [*dizer o nome do paciente*], cujas noites mal dormidas, em virtude de seus padecimentos, tanta piedade causa aos que o estimam.
Pai Celeste, que sois Deus, tende piedade de [*dizer o nome do paciente*], dando-lhe alívio completo às suas dores para que, uma vez curado, possa Vos render as mais sentidas e sinceras graças pela Vossa Santíssima intervenção e pela Vossa infinita misericórdia.
Deus Espírito Santo, ouvi-me. Santa Maria, Rainha dos Mártires, intercedei em favor de [*dizer o nome do paciente*] para que possa novamente ser feliz, depois de livre do mal que o aflige, e assim volte a louvar o nome do Pai, do Filho e do Espírito Santo. Amém.

PRECE PARA CURAR ERISIPELA (2)

Jesus nasceu †, Jesus morreu †, Jesus ressuscitou.

Como se curaram as chagas de Jesus Cristo, assim possa ser curada esta erisipela, em honra e glória da Santíssima Trindade.

Rezar três Pai-nossos, dedicados à Santíssima Trindade.

PRECE A SÃO SEBASTIÃO CONTRA ÚLCERAS DE PELE

Magnânimo São Sebastião, que tanto sofrestes pelo amor de Nosso Senhor e que pela vossa infinita crença na eterna bem-aventurança dos céus tanto sangue derramastes, todo contrito e possuído de ilimitada fé, de joelhos, venho suplicar concedais a graça de interceder junto ao Pai Eterno e de seu Santíssimo Filho para que [*dizer o nome do doente*] se veja livre da úlcera que tão cruciantes sofrimentos lhe causa.

São Sebastião, esta súplica vos é dirigida em nome do santo sangue que derramastes sem uma queixa, sem o menor lamento, com a serenidade dos justos e dos que sabem que os céus são o seu reino.

São Sebastião, misericordioso, rogai por todos os crentes que neste mundo pecador sofrem.

São Sebastião, rogai por nós.

Em nome do Pai, † do Filho, † do Espírito Santo. † Amém.

Preces contra males da boca e da garganta

PRECE A SÃO BRÁS
Contra males de garganta.

†São Brás, que entregastes vosso espírito a Deus, em holocausto pela vossa fé em Nosso Senhor Jesus Cristo, e que no momento de morrerdes supliciado ainda extraístes uma espinha atravessada na garganta de um inocente menino, eu vos saúdo.

Fazer o sinal da cruz sobre a garganta.

São Brás, virtuoso, São Brás, meu amigo, São Brás, milagroso, estando comigo † a doença ele espanta, o mal vai tirar, a minha garganta São Brás vai sarar.
†Anginas doloridas, ou inflamação, são logo vencidas por esta oração.
†Por intercessão e merecimento do Bem-aventurado São Brás, conceda-me Deus a cura deste mal de garganta. Assim seja.

Rezar um Pai-nosso e uma Ave-Maria.
Finda a oração, benzer a garganta, três vezes, com o sinal da cruz.

PRECE A SANTA APOLÔNIA (1)

Para curar nevralgias e dores de dente.

Santa Apolônia, que por amor de Jesus fostes martirizada, dizei comigo estas palavras, fazendo comigo o sinal da cruz sobre o lugar dolorido:
† por minha ordem, afasta-te, mal,
† se for uma gota de sangue, secará,
† se for um verme ou micróbio, morrerá.
Assim seja.

Rezar um Credo.

PRECE A SANTA APOLÔNIA (2)

Bendita Santa Apolônia, que por tua virgindade e martírio mereceste do Senhor ser instituída advogada contra a dor de gengivas e dentes, te suplicamos, fervorosos, intercedas com o Deus da misericórdia, para que [*dizer o nome do doente*] fique completamente curada(o). Senhor, sede benigno à súplica que Vos dirigimos por intermédio de Santa Apolônia. Amém.

Rezar um Pai-nosso a Santa Apolônia e três à Santíssima Trindade.

PRECE A SÃO DESIDERATO
Para aliviar dores de dentes.

Senhor meu Deus, não recuseis a Vosso servo o alívio que imploro, humildemente, em meus sofrimentos. Procedei para comigo segundo Vossa misericórdia, lançai Vossos olhos sobre mim, sede atento à prece de São Desiderato, cuja assistência e amparo eu peço agora. Por Nosso Senhor † Jesus Cristo. Assim seja.

Repetir três vezes:

São Desiderato, que aliviais os males dos dentes, rogai por mim.

Rezar um Credo, um Pai-nosso e uma Ave-Maria.

PRECE CONTRA ANGINAS
Repetir três vezes, fazendo o sinal da cruz sobre a garganta em cada uma delas:

Em Belém há três meninas:
uma cose, outra fia e outra cura as anginas;
uma fia, outra cose e outra cura o mal traidor.

Depois, rezar três Pai-nossos, em honra da Santíssima Trindade. Repetir a prece por três dias seguidos.

PRECE A SÃO MARTINHO
CONTRA ANGINAS
Nosso Senhor e São Martinho iam por um caminho, onde encontraram São Pedro de

bruços, em um canto. "Que fazes aqui?" – perguntou o Senhor; e São Pedro respondeu: "Estou morrendo do mal de anginas e de garganta". Ao que o Divino Mestre retrucou: "Coloque os cinco dedos da mão direita no colo e abra-os em honra e glória da Santíssima Trindade, e com o Santo Nome de Deus o mal te será curado".

Rezar três Pai-nossos dirigidos à Santíssima Trindade.

PRECE DE SÃO PEDRO CONTRA A DOR DE GENGIVAS

Estando São Pedro sentado à margem do rio Jordão, triste e melancólico, chegou Cristo e lhe disse:
– Que tens, Pedro, que estás triste e melancólico?
– Senhor – respondeu São Pedro – doem-me as gengivas devido a uns vermes que as estão movendo.
Disse-lhe o Senhor:
– Eu te concedo que não mais te doam as gengivas, devido aos vermes, em nome do Pai, do Filho e do Espírito Santo.
– Senhor – suplicou São Pedro – eu Vos suplico que todos os que levam estas palavras escritas sobre si não lhes doam mais as gengivas por causa dos vermes.
O Senhor concedeu-lhe este favor em nome do Pai, do Filho e do Espírito Santo. Amém.

Preces contra problemas do estômago e da barriga

PRECE CONTRA AS DOENÇAS DO FÍGADO

Esta reza, que deve ser proferida em dias ímpares, é de comprovada eficácia para toda e qualquer doença do fígado.

> Virgem Santíssima, que virgem concebestes o nosso Salvador e virgem sofrestes ao acompanhar os espamos de Nosso Senhor Jesus Cristo ao morrer crucificado, eu vos dirijo esta oração, todo contrito, todo cheio de fé, todo cheio de esperança, para que por mim intercedais e tenha eu o beneplácito do Senhor, no alívio do que tanto me aflige e que afeta o meu fígado.
> Certeza tenho, oh, mãe misericordiosa, de que sabereis me socorrer e atendereis a estas minhas súplicas, que me partem do fundo do coração e de minh'alma que a vós pertence desde o instante em que vos

reconheci como a Virgem Mãe de Nosso Senhor Jesus Cristo e em quem cegamente confio porque ampara todos quantos sofrem neste mísero mundo terreno e do qual um dia hão de sair para, em não sendo pecadores ou tendo se redimido de seus pecados, ir habitar na Corte Celestial.
Em nome do Pai, † do Filho † e do Espírito Santo. † Amém.

Rezar três Salve-Rainhas, três Ave-Marias e três Pai-nossos.

PRECE CONTRA DORES DO ESTÔMAGO

Senhor de infinita misericórdia, rogai por mim.
Senhor de infinita misericórdia, rogai por nós.
Senhor de infinita misericórdia, rogai por esta Vossa pobre criatura, [*dizer o nome*] que há tanto vem sofrendo.
Senhor de infinita misericórdia, será esta Vossa pobre criatura uma pecadora e poderá estar a pagar partes dos pecados cometidos, mas, Senhor de infinita misericórdia, muito arrependida se encontra e pronta está a redimir-se, passando o resto de sua existência a louvar e a venerar o Vosso Santo Nome, tornando-se um de Vossos mais leais soldados e propagador acérrimo da Fé.
Senhor de infinita misericórdia, tende piedade deste Vosso servo, que espera merecer Vossas graças.

Senhor de infinita misericórdia, fazei com que as dores que ele (ou ela) sente nas entranhas desapareçam imediatamente, tão depressa quanto a água apaga o fogo.
Senhor de infinita misericórdia, ouvi-me.
Senhor de infinita misericórdia, espargi mais uma vez a Vossa grande bondade.
Senhor de infinita misericórdia, amém.

Rezar três Pai-nossos e três Ave-Marias.

PRECE A SÃO MIGUEL ARCANJO CONTRA OS VERMES

Repetir esta oração durante três dias seguidos, três vezes consecutivas em cada dia.

Oh! Deus de Abraão, oh! Deus de Isaac e Deus de Jacó, compadecei-Vos desta criatura Vossa, [*dizer o nome do doente*]; mandai em seu socorro o vosso São Miguel Arcanjo, que lhe dê saúde e a defenda. E vós, Miguel Santo, Arcanjo de Cristo, defendei e curai este servo (ou serva) do Senhor, que vós merecestes do Senhor ser bem-aventurado e livrar as criaturas de todos os perigos.
Eis aqui a cruz do Senhor, que vence e reina.
Oh! Salvador do mundo, salvai-o;
Salvador do mundo, ajudai-me, Vós que pelo Vosso sangue e pela Vossa cruz remistes, salvai-me de todas as moléstias, tanto do corpo como da alma; eu Vos peço tudo isto, por quantos milagres passados nesta terra.

Oh! Deus Santo! Oh! Deus imortal! Tende
misericórdia de nós.
Cruz de Cristo, salvai-me;
Cruz de Cristo, protegei-me;
Cruz de Cristo, defendei-me em nome do
Pai, † do Filho † e do Espírito Santo. †
Amém.

Rezar três Pai-nossos e três Salve-Rainhas em louvor a Jesus.

PRECE CONTRA AS DORES DE BARRIGA

Faça nove cruzes sobre o umbigo do paciente, dizendo:

Ostevun † Ostesa † Malehit † Bany † ampocca † palla † dor de barriga, † vai daqui,
† que é Deus que manda. †

Repetir três vezes.
Depois, rezar três Pai-nossos para a Santíssima Trindade.

PRECE CONTRA O CÓLERA
OU OUTRA DIARRÉIA GRAVE

Senhor Deus, Criador do céu e da terra,
louvores Vos sejam dados, por todos os séculos dos séculos. Amém.
Senhor meu Jesus † Cristo, Filho único de
Deus todo-poderoso, que sofrestes e morrestes na cruz por nossos pecados, ouvi a
nossa oração, perdoai os nossos pecados,
limpai a nossa alma; e pelo Vosso Santo

Sangue derramado na cruz livrai-nos de todo mal. Amém.
Cordeiro de Deus, que limpais os pecados do mundo, tende piedade de nós.

Rezar um Credo, um Pai-nosso, uma Salve-Rainha.

PRECE CONTRA O AMARELÃO

Senhor, Vossa misericórdia é infinita, como infinito é o Vosso poder sobre todas as coisas do céu e da terra, que criastes. Nenhum crente pode duvidar de Vossa bondade e de Vossos milagres, que enumerar é impossível. Eis por que, Senhor, a Vós me dirijo, certo de que estas minhas súplicas serão prontamente atendidas, e que sabereis dar imediato alívio a esta criatura, que tanto necessita do Vosso amparo, [*dizer o nome do doente*], Senhor, que está sofrendo de amarelão. Definha dia a dia. Seus padecimentos a todos compungem. E é preciso pôr um paradeiro aos seus males.
Eis por que, como em todos os outros casos, a Vós recorro, certo de que sabereis compreender os sentimentos que me levam a Vos pedir socorro.
E por tudo quanto fizerdes, Senhor, desde já Vos rendo graças e peço-Vos muitos anos de vida, para poder louvar e engrandecer Vossas glórias neste mundo terreno.
Em nome do Pai, † do Filho, † do Espírito Santo. † Amém.

Rezar três Pai-nossos e três Ave-Marias.

Preces pela saúde dos animais

Não poderia faltar, em um livro de preces curativas, a lembrança de nossos queridos e fiéis amigos, as pequenas almas que nos acompanham e alegram nossas vidas: os animais de estimação.

PRECE A SÃO FRANCISCO
Para proteger e curar um animal de estimação.

Bendito seja Deus, criador de todas as criaturas vivas. Vós puseste os peixes no mar, as aves no ar e os animais na terra. Vós inspirastes São Francisco a chamá-los todos irmãos e irmãs. Sou-Vos especialmente grato(a) por terdes criado os animais a quem chamamos de estimação, que são nossos amigos, que dão tanta alegria às nossas vidas e que muitas vezes nos prestam um auxílio precioso. Por isso Vos peço que, pela intercessão de São Francisco, abençoeis este animal. Pela força do Vosso amor, permiti que ele viva de acordo com Vosso plano divino, e que possa continuar me dando tanta alegria e me lembrando, com sua existência, o Vosso poder infinito. Recebei também minha prece por toda a beleza da Vossa criação e, particularmente, por todas as espécies que hoje têm sua existência ameaçada. Bendito sejais vós, Deus nosso Senhor, em todas as Vossas criaturas! Amém.

ORAÇÃO A SANTO ANTÃO POR UM ANIMAL DOMÉSTICO

Que a paz de Nosso Senhor Jesus Cristo esteja sempre comigo e com os que me rodeiam. Deus todo-poderoso, criador de todas as coisas, recebei o pedido que Vos faço por intermédio de Vosso servo querido, o glorioso Santo Antão. Querido Santo Antão, protetor dos animais, colocai vossa bênção sobre esta criatura de Deus, que chamamos pelo nome de [*dizer o nome do animal*]. Intercedei junto a Deus nosso Senhor para que ele(a) tenha saúde e proteção agora e sempre. Amém.

PRECE A SANTA GERTRUDES POR UM GATO

Santa Gertrudes, proteja meu gato todo dia e toda noite, contra armadilhas, venenos e ataques, contra carros velozes e ladrões, e trago-o sempre de volta ao lar com segurança.

PRECE A SÃO ROQUE POR UM CÃO

Deus todo poderoso, escutai minha humilde prece por todos os nossos amigos, os ani-

mais. Especialmente pelos enfermos, pelos abandonados, pelos maltratados e famintos.
Eu imploro Vossa graça e piedade para eles e para os que os tratam com um coração compassivo, mãos gentis e palavras carinhosas.
Peço-Vos especialmente, Deus nosso Senhor, que acolhais o pedido que hoje Vos faço, por intermédio do grande São Roque, em favor do meu companheiro leal, este cão, para o qual imploro vossa proteção e vosso auxílio.
São Roque, rogai por nós. Amém.

PRECE A SANTA BRÍGIDA POR ANIMAIS DOMÉSTICOS

Para proteção e saúde de aves, porcos e outros animais de granja ou fazenda.

Fazer uma cruz de palha e prender no alto de uma parede do lugar onde fica a criação.

Santa Brígida de Gales,
abençoe campos e árvores,
ovos, manteigas e queijos,
vacas, cabras e carneiros,
os baldes de mel e leite,
as galinhas e as abelhas,
as sementes e as palhas,
os leitões e os pintinhos,
as ervas pelos caminhos.
Dá-nos paz e abundância,
caridade e esperança,
alegria, graça, amor
e a bênção do Senhor.

Notas sobre os santos taumaturgos

Ao longo desta obra, você encontrou referências a diversas pessoas santas consideradas taumaturgas, ou seja, capazes de realizar curas milagrosas. Aqui você obterá informações sobre cada uma delas. Assim, poderá formar uma imagem mais precisa daquelas que porventura ainda não conheça, e entenderá melhor o motivo de sua invocação em preces curativas.

JESUS CRISTO

Para todas as religiões cristãs, Jesus é o Verbo Divino, a segunda pessoa da Santíssima Trindade, Deus feito homem para redimir a humanidade de seus pecados. Jesus é a figura central do cristianismo. É o Cristo, o ungido, o Salvador. Por isso, muitos fiéis preferem relacionar-se diretamente com ele, sem a intercessão de nenhum santo. As principais festas ligadas a Jesus são o Natal (25 de dezembro, na Igreja Católica), que comemora seu nascimento, e a Páscoa (festa móvel no início do outono do Hemisfério Sul), que comemora sua morte e ressurreição.

JESUS DE PRAGA, MENINO

O Menino Jesus de Praga é um estátua milagrosa de Jesus representado como criança. Ela foi levada da Espanha para a cidade de Praga (capital da atual República Tcheca) por uma princesa espanhola que a ganhou como presente de casamento. Em 1628, essa princesa deu a estátua para a Igreja Carmelita de Nossa Senhora da Vitória. Atualmente, a imagem está na Catedral de Praga.

JESUS, SAGRADO CORAÇÃO DE

Existem referências ao coração de Jesus, como símbolo do Seu amor, desde o tempo dos apóstolos; mas foi somente entre os séculos XI e XII que surgiram os primeiros indícios de que ele se tornava objeto de devoção nos mosteiros beneditinos e cistercienses. Nos séculos seguintes a prática se espalhou, mas era uma devoção individual, adotada pelos religiosos dedicados ao misticismo cristão: o Sagrado Coração de Jesus era objeto de contemplação durante os transes místicos. Foi somente a partir do final do século XVII que ele se tornou uma das grandes devoções católicas. Em 1675, a freira visitandina Margarida Maria Alacoque teve uma série de visões em que Jesus lhe deu a missão de implantar a devoção ao seu Sagrado Coração. A partir de seus relatos, um número crescente de padres e freiras abraçaram a devoção que foi oficializada pela Santa Sé em 11 de junho de 1899, data que ficou consagrada ao Sagrado Coração de Jesus no calendário católico.

NOSSA SENHORA

Maria Santíssima, Mãe de Jesus, é a grande figura feminina do catolicismo. Para muitos, é uma figura bem mais próxima que a Santíssima Trindade porque, como toda mãe, tem o coração totalmente devotado aos filhos, que são todos os humanos. A Virgem Maria recebe muitas denominações. Algumas são relacionadas com sua vida, como a Imaculada Conceição (8 de dezembro), que lembra o anúncio feito pelo Anjo de Deus de que ela fora escolhida para ser a Mãe de Jesus; Nossa Senhora das Dores (15 de setembro), que é Maria chorando seu Filho morto na cruz; e Nossa Senhora da Glória (15 de agosto), que mostra a Assunção de Maria ao céu com seu corpo terreno, eternamente virgem e livre da corrupção da morte. Outras denominações referem-se a aparições e poderes atribuídos à Mãe de Deus, como Nossa Senhora Aparecida (12 de outubro), Nossa Senhora de Fátima (13 de maio) e Nossa Senhora de Guadalupe (12 de dezembro).

NOSSA SENHORA DA CABEÇA

Na noite de 11 para 12 de agosto de 1227, o pastor espanhol João Rivas teve uma visão da Virgem Maria no Morro da Cabeça (na Serra Morena), perto da vila de Andújar, em Jaén. Na aparição, a Virgem manifestou seu desejo de que fosse construída uma capela em sua homenagem naquele lugar. O pastor tivera um braço inutilizado lutando no exército andaluz contra os mouros; para que todos acreditassem em seu relato, a Virgem Maria lhe restituiu o movimento do braço. Em pouco tempo, o local tornou-se alvo de peregrinações a Nossa Senhora da Cabeça (que recebeu essa denominação devido ao nome do morro). Certa vez, um homem condenado à morte prometeu colocar aos pés da imagem uma cabeça de cera se a Virgem o salvasse; recebendo o perdão, cumpriu a promessa. Desde então, Nossa Senhora da Cabeça passou a ser representada com uma cabeça em uma das mãos. Com o tempo, a origem do nome ficou esquecida e Nossa Senhora da Cabeça passou a ser invocada em todos os problemas da cabeça: dores, dificuldades de aprendizagem, enfermidades do cérebro, aflições e dificuldades que perturbam a cabeça, tirando a tranqüilidade. A Confraria Matriz de Andújar (criada no século XIII) festeja Nossa Senhora da Cabeça no último domingo de abril.

NOSSA SENHORA DA PENHA

No início do século XVII, o lugar onde é hoje o Santuário de Nossa Senhora da Penha, na cidade do Rio de Janeiro (RJ), era ocupado por fazendas cercadas de muito mato. Certo dia, um homem subia um penhasco que levava à sua fazenda, quando encontrou uma serpente. Apavorado, invocou Nossa Senhora. Imediatamente apareceu um lagarto que atacou a serpente, permitindo que o homem fugisse ileso. Em agradecimento, ele construiu, no alto do morro, uma capela com uma imagem que chamou de Nossa Senhora da Penha (ou seja, do penhasco). Logo a capela tornou-se foco de devoção, sendo ampliada e depois substituída pela igreja atual. Em 1817, uma senhora subiu à ermida para pedir a Nossa Senhora que lhe permitisse ter um filho; atendida em seu pedido, mandou esculpir na pedra a escadaria de 382 degraus que ajuda a subir a parte mais íngreme do caminho. Hoje o Santuário da Penha é um dos maiores centros de romaria do Brasil. A festa de Nossa Senhora da Penha é realizada durante todo o mês de outubro, com uma celebração especial no dia 12 (em homenagem a Nossa Senhora Aparecida, padroeira do Brasil) e o encerramento no primeiro domingo de novembro, com uma procissão pelas ruas do bairro e a coroação da imagem.

NOSSA SENHORA DO PARTO

O culto a Nossa Senhora do Parto foi iniciado nos primeiros séculos da era cristã. No Cemitério Maior, em Roma, há uma imagem datada do século IV que mostra Maria com o Menino Jesus diante do peito, envolto em um disco luminoso que simboliza a maternidade. Na Idade Média, Nossa Senhora do Parto passou a ser representada explicitamente como gestante, segurando um livro que simboliza o Verbo Divino encarnado. No Concílio de Trento (1545 a 1563), entretanto, essa imagem, entre outras, foi considerada não-ortodoxa e a representação da Virgem foi alterada, eliminando-se a sugestão de gravidez e substituindo-se o livro pelo Menino Jesus. Essa é a imagem adotada até os dias de hoje na Igreja Romana, enquanto a Oriental continua venerando a imagem mais primitiva. Nossa Senhora do Parto conserva seu prestígio na devoção popular, sendo sempre invocada pelas gestantes e parturientes. Sua data votiva é variável, sendo comuns os dias 8 de outubro e 8 de novembro.

NOSSA SENHORA DOS REMÉDIOS

No final do século XII, o padre francês João da Mata fundou a Ordem da Santíssima Trindade, com a finalidade de resgatar cristãos aprisionados por não-cristãos. Desde seu início, a Ordem venerou a Virgem Maria como Filha do Pai, Mãe do Filho, Esposa do Espírito Santo e Vaso Sagrado da Santíssima Trindade. Para obter os fundos necessários à compra dos escravos, os trinitaristas puseram sua atividade sob o patrocínio da Virgem Maria. Seus esforços alcançaram grande sucesso. Para agradecer a assistência de Maria, São João da Mata deu-lhe o título de Nossa Senhora do Bom Remédio, a fonte infalível de solução para todos os problemas, aquela que conhece o remédio para todas as aflições e misérias da vida. Levando sua padroeira principal aos países onde se estabeleceu, a Ordem dos Trinitaristas ficou conhecida por venerar a Virgem sob essa denominação. A devoção foi levada para Portugal no início do século XIII. No Brasil, os missionários trinitaristas fundaram muitas capelas em sua honra no Nordeste, em Minas Gerais e em São Paulo. A primeira igreja a ela dedicada no país foi fundada em Paraty (RJ), em 1646; além dela, também são famosos os santuários de Fernando de Noronha e São Paulo. Durante os períodos colonial e do império, as igrejas dedicadas a Nossa Senhora do Remédio eram refúgio de escravos, perseguidos e abolicionistas. Mais recentemente, essa finalidade foi substituída, na devoção popular, pela cura de doenças e alívio de aflições, e a denominação passou a ser mais conhecida como Nossa Senhora dos Remédios. Sua solenidade é realizada, pela Ordem da Santíssima Trindade, no dia 8 de outubro.

ADÉLIA, SANTA

Adélia de Pfalzel viveu na Renânia (região da Alemanha) no início do século VII. Depois de ficar viúva, entrou para o mosteiro de Pfalzel. Foi colaboradora de São Bonifácio, o grande evangelizador da Alemanha. É lembrada no dia 24 de dezembro.

ADRIANO MÁRTIR, SANTO

Adriano era um alto funcionário da corte imperial na Nicomédia. Certa vez, impressionado com a coragem de um grupo de cristãos que estavam sendo torturados, declarou-se cristão. Foi imediatamente preso e morreu depois de sofrer grandes torturas. O patrono dos soldados e açougueiros é lembrado no dia 8 de setembro.

AMARO, SANTO

De acordo com o *Flos Sanctorum* do frade português Francisco Sarmento, Amaro nasceu em Roma, no início do século VI. Era filho de um nobre e, ainda criança, foi enviado pelo pai ao mosteiro de Sublaco, então administrado por São Bento. Certa vez, salvou outro monge de afogamento, caminhando sobre as águas do lago onde ele caíra. Amaro dirigiu o mosteiro por algum tempo. Depois foi enviado para a França, onde fundou um mosteiro em que permaneceu até morrer em 576. Suas relíquias passaram a ser visitadas por multidões de peregrinos, por causa da fama dos milagres a elas atribuídos, nos quais predominava a cura de muitas doenças, principalmente reumatismo, câimbras e outros males causados pela friagem. Seu santuário recebeu um número imenso de ex-votos na forma de muletas de gotosos, coxos e aleijados que foram curados milagrosamente. Santo Amaro é muito popular em Portugal. É invocado contra doenças nos braços e nas pernas, e sua festa é no dia 15 de janeiro.

ANA, SANTA

Ana, casada com Joaquim, é a mãe da Virgem Maria. Símbolos da raiz da família, patronos dos idosos e dos avós (uma vez que são os avós terrenos de Jesus), ambos são festejados no dia 26 de julho.

ANASTÁCIO, SANTO

Entre os diversos santos com este nome, destaca-se Anastácio, o persa, que viveu no início do século VII.

Magundat (este era seu nome) servia como soldado no exército persa. Durante a campanha que resultou na transferência da Santa Cruz de Jerusalém para a Pérsia, Magundat ficou tão impressionado com o poder da relíquia e com a devoção dos cristãos, que se converteu, trocou seu nome para Anastácio e tornou-se monge em Jerusalém. Sete anos depois, voltou à Pérsia e começou a pregar o cristianismo. Foi então preso e executado. Por ter sido decapitado, é invocado contra dores de cabeça. É lembrado no dia 22 de janeiro.

ANDRÉ AVELINO, SANTO

André Avelino (de nome secular Lancellato) nasceu em 1521, na cidade de Castelnuovo (Itália). Ordenou-se monge e serviu como advogado na corte eclesiástica de Nápoles até perceber que precisava mentir para vencer um processo. Convencido de que estava vivendo em pecado, decidiu afastar-se dessa atividade. A seu pedido, então, foi-lhe dada a tarefa de reformar um convento longe da corte. Encontrando forte oposição, retirou-se para um mosteiro da Ordem dos Teatinos. Mais tarde tornou-se diretor dos noviços e fundou diversos mosteiros dessa Ordem, tendo sido superior de alguns. Santo André Avelino tem como data votiva o dia 10 de novembro, e é invocado contra a morte súbita, ataques e derrames.

ANTÃO EREMITA, SANTO

Santo Antão (Antônio abade ou do Egito) nasceu em 250, na cidade egípcia de Coman. Aos 20 anos decidiu tornar-se eremita. Segundo santo Atanásio, seu discípulo, Antão viveu 80 anos no deserto, perto do mar Vermelho, onde recebia muitos peregrinos que buscavam seus conselhos. Durante todo esse tempo, somente duas vezes saiu do eremitério para ir a Alexandria, onde apoiou e incentivou as comunidades cristãs locais. Os fatos mais notáveis da biografia de santo Antão são suas vitórias sobre as tentações enviadas pelo demônio e as visitas de um anjo que lhe levava alimento. Além de ser compreensivo e caridoso com as pessoas, santo Antão tornou-se o patrono dos animais domésticos. Segundo a tradição, a origem desse patronato está na antiga Ordem Hospitalária dos Antonianos, dedicada ao cuidado dos doentes, especialmente nas epidemias. Os monges antonianos criavam porcos para sua alimentação; com o tempo, os porcos, depois todos os animais domésticos, foram colocados sob a proteção do santo. Sua festa é no dia 17 de janeiro.

APOLÔNIA, SANTA

Marco Júlio Filipe é considerado por escritores antigos como o primeiro imperador romano cristão, embora não se tenha convertido oficialmente. Seu governo, entre 244 e 249, foi um período de paz para os cristãos do Império Romano, sem perseguições promovidas pelos governantes. Entretanto, em 249, ocorreu um episódio isolado na cidade de Alexandria (no Egito). Segundo relata Dionísio de Alexandria, um adivinho charlatão atiçou a população da cidade contra os cristãos. As casas destes foram invadidas e saqueadas, e seus moradores, torturados e assassinados. Uma das vítimas foi uma mulher de cerca de 40 anos, chamada Apolônia. Depois de cortarem seus seios e arrancar seus dentes, os agressores ameaçaram jogá-la em uma fogueira se ela não renegasse sua religião. Apolônia pediu que a soltassem por um momento. Atendida, jogou-se na fogueira, onde morreu. O culto à mártir espalhou-se rapidamente por todo o mundo cristão, tornando-se ela protetora contra os males dos dentes. Seu dia votivo é 9 de fevereiro.

BENTO, SÃO

São Bento nasceu em 480, na cidade de Nórcia, na Itália. Era filho de uma família nobre romana, que o enviou a Roma para estudar filosofia. Bento decidiu seguir a vida ascética e recolheu-se em um eremitério. Desde então, passou por diversas casas religiosas, ora sendo escolhido para dirigir o mosteiro, ora sofrendo atentados planejados pelos que estavam descontentes com sua rigidez, até que, com alguns companheiros, fundou um mosteiro no monte Cassino, perto de Nápoles. Aí Bento estabeleceu as regras de vida monástica que se tornaram o modelo para todas as ordens católicas voltadas para a vida contemplativa. São Bento é considerado um grande protetor contra as forças demoníacas. Sua data votiva é 11 de julho.

BRÁS, SÃO

Brás foi bispo da cidade de Sebaste (na Armênia) no início do século IV, na época das últimas perseguições aos cristãos. Por causa dessas perseguições, Brás fugiu da cidade e escondeu-se em uma floresta onde, segundo a lenda, os animais lhe levavam comida. Denunciado por caçadores, Brás foi preso e levado para a cidade. Negando-se a renegar sua religião, foi condenado à morte. Conta sua *Paixão* que, quando era levado para o martírio, foi abordado por uma senhora cujo filho estava morrendo sufocado, engasgado com uma espinha de peixe. Brás concentrou-se, orou e o menino ficou curado. É por isso que são Brás é invocado para todos os males da garganta. Seu dia votivo é 3 de fevereiro.

BRÍGIDA, SANTA

Filha da escrava cristã de um rei escocês, nascida em 453, Brígida foi libertada, mas permaneceu ajudando a mãe, encarregada do gado leiteiro do dono, até que esta foi libertada também. Brígida tornou-se freira e fundou muitos mosteiros para homens e mulheres na Irlanda. O grande progresso do rebanho de seu antigo dono, sob sua influência, fez com que Brígida se tornasse padroeira do gado, das aves de granja e dos criadores desses animais. É lembrada no dia 1º de fevereiro.

CATARINA, SANTA

Entre as diversas santas desse nome, a mais ligada à saúde é Santa Catarina de Alexandria, que viveu no início do século IV, no período mais duro das perseguições promovidas por Diocleciano. Catarina era uma jovem cristã de família nobre, que vivia em Alexandria (no Egito). Tendo rejeitado o assédio de um homem casado, Maximino Daia, foi posta diante de cinquenta filósofos que tentaram convencê-la de que Jesus não era Deus; mas ela os converteu ao cristianismo. Maximino mandou então que Catarina fosse despedaçada pelas rodas de um carro, mas as rodas se dobraram. Finalmente, Catarina foi decapitada mas, em vez de sangue, saiu leite do corte em seu pescoço. Por isso ela é padroeira das mães que amamentam. Santa Catarina é festejada no dia 25 de novembro.

CECÍLIA, SANTA

A *Paixão de Santa Cecília* diz que ela foi uma jovem de família nobre e rica, que viveu em Roma no tempo do imperador Alexandre Severo (222 a 235). Convertida ao cristianismo, ia assistir à missa celebrada pelo papa Urbano nas catacumbas da Via Ápia, onde os pobres esperavam as esmolas que a moça distribuía generosamente. Cecília fez voto de castidade. Por isso, ao casar-se com seu prometido, Valeriano, convenceu-o a respeitar sua virgindade e a converter-se ao cristianismo. No ano de 230, o grupo de cristãos a que Cecília e Valeriano pertenciam foi preso e condenado à morte. Conta sua *Paixão* que Cecília, condenada a ser decapitada, recebeu três golpes no pescoço, mas a cabeça não caiu; ela havia pedido a Deus a graça de ver o papa Urbano pela última vez. Cecília ainda viveu por três dias, comunicando por gestos (já que não podia falar) sua fé em Deus. A caracterização de Santa Cecília como padroeira da música vem do relato de seu casamento na *Paixão*, onde é dito que, enquanto os músicos tocavam, ela cantava em seu coração para o Senhor. Por extensão, Santa Cecília também ajuda os que sofrem de problemas dos ouvidos, especialmente de surdez. Sua data votiva é 22 de novembro.

CLARA, SANTA

Santa Clara nasceu na cidade de Assis (Itália), em 1193. Era de uma famíla rica, mas decidiu aderir ao ideal de ascetismo de seu velho amigo Francisco (o futuro São Francisco de Assis). Em 1212, fugiu de casa e foi refugiar-se na igreja de Santa Maria, onde Francisco recebeu seus votos de pobreza e castidade. Mais tarde, ele a levou para o convento de São Damião, destinado às monjas da Ordem Franciscana. Clara dedicou toda a sua vida ao trabalho religioso dentro do ideal franciscano de pobreza e caridade. Quando Francisco morreu, em 1226, Clara estava doente, mas teve, dentro de sua cela, uma visão dos funerais do santo. Por isso, ela é padroeira de tudo que se refere a visão e transmissão de imagens – inclusive, modernamente, a televisão. Sua data votiva é 11 de agosto.

CLEMENTE MÁRTIR, SÃO

Clemente I foi o terceiro papa depois de São Pedro, tendo exercido a função de bispo de Roma entre 88 e 97. Destacou-se como um grande pregador da fé cristã e da unidade da Igreja Católica. Segundo a tradição popular, após batizar a esposa de um importante oficial romano, Clemente foi acusado de feitiçaria e sedução, sendo condenado ao trabalho escravo em uma ilha. Lá fez nascer um rio com um toque de picareta no solo, aliviando o trabalho dos escravos que passavam o dia carregando barris de água. Novamente acusado de feitiçaria, foi jogado ao mar com uma âncora presa ao pescoço e morreu afogado. São Clemente, patrono dos trabalhadores em mármore, é lembrado no dia 23 de novembro.

COSME E DAMIÃO, SANTOS

Segundo a tradição, Cosme e Damião eram irmãos gêmeos que viveram no início do século IV, na Síria. Eles trabalhavam juntos como médicos, tratando gratuitamente de pessoas e animais. Certa vez, os irmãos implantaram milagrosamente a perna de um homem negro, que acabara de morrer, em um homem branco que tinha uma úlcera que exigia a amputação do membro. Outro milagre atribuído aos irmãos é a ressurreição de um paciente que havia morrido. Esses prodígios fizeram com que eles fossem acusados de feitiçaria, presos e condenados à morte por lapidação. Quando a sentença foi ser cumprida, entretanto, as pedras jogadas voltaram-se contra os que as atiravam. Então, os gêmeos foram colocados diante de soldados para serem mortos a flechadas; mas as setas também se voltaram contra os atiradores. Finalmente, a única forma de matá-los foi a decapitação, o que era uma pena honrosa, reservada para os cidadãos romanos. Por sua profissão, os santos se tornaram patronos dos médicos e, especialmente, dos cirurgiões. No Brasil, por sua identificação com o orixá duplo Ibeji (das religiões afro-brasileiras), tornaram-se protetores das crianças, que recebem doces no seu dia votivo, 27 de setembro.

CRISTÓVÃO, SÃO

No século III, existiu em Canaã um homem chamado Offero. Segundo a tradição, ele era um homem gigantesco, que vivia vagando pelo mundo em busca de aventuras. Depois de certo tempo, Offero passou a viver na beira de um rio e ganhava a vida levando nas costas as pessoas que queriam cruzar a correnteza. Certa vez, apareceu na beira do rio um menino pequeno, que pediu a Offero que o levasse até o outro lado. Offero o pôs sobre o ombro e começou a atravessar o rio. No meio do caminho, o menino foi ficando tão pesado, que só com muito esforço Offero conseguiu chegar à outra margem. Então o menino disse que era Jesus, e pesava tanto porque carregava todo o mundo em si. Em seguida, batizou Offero, que passou a ser conhecido como Cristóvão (em grego, "o que carregou Cristo") e morreu durante as perseguições aos cristãos do imperador Décio. São Cristóvão foi um dos 14 Santos Auxiliares da Idade Média, sendo invocado para proteger os viajantes, e também contra pestilências e tempestades. É festejado no dia 25 de julho (no calendário romano) ou 9 de março (no grego).

DESIDERATO, SÃO

Desiderato foi um nobre da corte do rei francês Clotário I, da dinastia merovíngia que então se achava imersa em disputas. Em 541, Desiderato foi nomeado bispo da cidade de Bourges. Além de combater fortemente as heresias e a corrupção na Igreja, Desiderato ficou famoso pelos milagres que realizou e pela habilidade em estabelecer a paz. O santo é lembrado no dia 8 de maio.

FABIANO DE CRISTO, FREI

João Barbosa nasceu na aldeia de Soengas, em Portugal, no dia 8 de fevereiro de 1676, em uma família de camponeses pobres. Ainda jovem, emigrou para o Brasil, atraído pelas histórias sobre o garimpo. Vivendo em Minas Gerais e depois em Paraty (RJ), enriqueceu como comerciante, mas sempre permaneceu ligado às atividades caritativas da paróquia a que pertencia. Em 1704, com 38 anos, João dividiu seus bens entre a família (que vivia em Portugal), a Igreja e os pobres; e tornou-se frade franciscano, adotando o nome *Fabiano de Cristo*. Exerceu os cargos de porteiro e enfermeiro nos conventos onde viveu. O esforço dispendido por conta de sua dedicação produziu sofrimentos físicos que, entretanto, não o impediram de cumprir sua missão. Frei Fabiano morreu no convento de Santo Antônio, no Rio de Janeiro, no dia 17 de outubro de 1747. Segundo a tradição, anunciou que morreria com três dias de antecedência. Assim que a notícia se espalhou, uma multidão correu para o convento, pois frei Fabiano era considerado santo pelo povo da cidade. Mais tarde, o local foi sendo abandonado, com a redução do número de frades residentes no convento, e os restos mortais de frei Fabiano ficaram esquecidos. Em fevereiro de 1924, entretanto, fortes chuvas provocaram o desabamento de um muro da antiga enfermaria. Quando foram iniciadas as obras de reconstrução, foi encontrada a urna com a ossada do frade. Os restos mortais foram colocados em uma urna de mármore, posta em uma capela do convento. Logo os devotos voltaram a visitar o frade santificado pela fé popular. O bispo da cidade, na época, tentou reunir provas para um processo de canonização, mas este aparentemente não seguiu adiante. Mesmo assim, até hoje o convento recebe mensagens de todo o país, com pedidos e agradecimentos de graças. Frei Fabiano de Cristo é invocado em casos de doenças, desemprego, angústias e dificuldades.

FRANCISCO DE ASSIS, SÃO

O santo protetor dos pobres, dos animais e do meio ambiente nasceu em uma família rica italiana, no final do século XII. Francisco, rapaz alegre e aventureiro, deveria assumir os negócios do pai, que era comerciante. Aos 20 anos, atraído pela vida militar, alistou-se no exército, mas um sonho profético fez com que abandonasse riquezas e honras militares. Francisco passou a viver pobremente, dedicando-se a cuidar dos pobres e enfermos. Em poucos anos juntou um grupo de seguidores suficientemente forte para conseguir do papa a fundação da Ordem dos Frades Menores. Desde então, Francisco dedicou-se ao trabalho missionário e de organização da Ordem. Ao lado do exemplo de uma vida santa, Francisco se notabilizou por inúmeros milagres, como a recepção dos estigmas de Cristo no próprio corpo e a pregação aos animais selvagens, que o ouviram melhor que os cristãos de uma cidade. Hoje em dia, além de se notabilizar por sua ação junto aos pobres, os frades franciscanos, em diversos países, reservam uma data anual para abençoar os animais. Nesse dia, as igrejas da Ordem ficam lotadas de fiéis que levam seus irmãozinhos de pêlos, penas, escamas etc. para receberem a bênção de Deus. São Francisco é venerado no dia 4 de outubro.

GERTRUDES, SANTA

Santa Gertrudes nasceu no início do século VII, na cidade de Nivelles, na atual Bélgica. Dedicou-se à vida religiosa, destacando-se pelo auxílio dado a missionários e peregrinos de diversos países europeus. Tornou-se muito popular nos Países Baixos, sendo invocada contra os ratos (perigosos porque transmitem a peste). Por isso, é a padroeira dos gatos. Seu dia votivo é 17 de março.

GILDÁSIO, SÃO

São Gildásio nasceu em 516, na Escócia, de uma família nobre. Ainda criança, foi internado em um mosteiro onde estudou e se ordenou monge. Passou algum tempo na Irlanda, onde fundou igrejas e mosteiros. Depois de uma peregrinação a Roma, tornou-se eremita, passando a viver na ilha de Rhuys. Atraiu seguidores e seu eremitério se transformou em um mosteiro. Depois de alguns anos como abade, foi para o norte da Inglaterra e dedicou o resto de sua vida ao trabalho missionário, tendo morrido em 570. É lembrado no dia 29 de janeiro.

HUGO, SÃO

Um dos mais famosos santos com esse nome foi bispo de Grenoble entre 1053 e 1132. Alem de sua grande colaboração para o estabelecimento das regras da vida monástica, São Hugo tornou-se famoso por milagres, como o ocorrido na montanha da Cartuxa (local onde ajudou a fundar um dos mais famosos mosteiros europeus). Aí, certa vez, São Hugo fez jorrar água de uma rocha. Seu dia votivo é 1º de abril.

JOÃO, SÃO

Existem dois santos importantes com esse nome: o parente de Jesus, chamado o Batista, e o jovem Evangelista. O mais conhecido e festejado pela devoção popular é São João Batista, cuja data votiva é 24 de junho. São João Batista foi o último profeta do nascimento do Messias, o que preparou o caminho para sua chegada, batizando o próprio Jesus. Foi preso e decapitado por seu rigor na crítica das falhas morais.

LEONARDO, SÃO

São Leonardo de Noblac (ou de Limoges) é um dos santos mais populares da Europa central, onde existem mais de 600 igrejas e capelas em sua homenagem. Segundo a tradição popular, São Leonardo viveu na França, no início do século VI. Seus pais eram nobres e amigos do rei franco Clóvis. Leonardo tornou-se eremita em Reims e obteve do rei o poder de libertar prisioneiros sempre que os encontrasse. Um fato notável de sua vida foi a forma como, com suas orações e cuidados, propiciou um parto feliz à esposa de Clóvis, que entrou em trabalho de parto durante uma visita dos reis ao eremitério. Como recompensa, Clóvis deu-lhe terras para construir um mosteiro. São Leonardo é lembrado no dia 6 de novembro.

LOURENÇO, SÃO

São Lourenço é um dos grandes mártires cristãos do século III, no tempo das perseguições sob o imperador Valeriano. Lourenço era chefe (arcediago) dos diáconos de Roma, e sua função era distribuir entre os pobres as doações dos cristãos da cidade. Quando, no auge das perseguições, Valeriano ordenou-lhe que entregasse os tesouros da Igreja de que ouvira falar, Lourenço levou um grupo de mendigos à presença do imperador, dizendo que aquele era o tesouro cristão, o qual crescia sempre. Condenado à morte, Lourenço foi amarrado a uma grelha colocada sobre carvões em brasa. Conta a tradição que suas últimas palavras ao carrasco, quando seu corpo já estava muito queimado, foram: "Vire-me, que deste lado já estou bem assado". São Lourenço é festejado no dia 10 de agosto.

LUCAS, SÃO

São Lucas, o autor do terceiro Evangelho e dos Atos dos Apóstolos, nasceu na cidade de Antióquia (na Síria). Era médico e, convertido ao cristianismo, seguiu São Paulo na atividade missionária e no martírio. Pesquisou minuciosamente a história de Jesus junto aos que haviam convivido com ele, em especial os apóstolos, com quem se relacionou estreitamente. São Lucas deixou, em seus escritos, a prova da inspiração divina que o animou. Sua festa é no dia 18 de outubro.

LUZIA, SANTA

Luzia nasceu em uma família rica da cidade de Siracusa, no final do século III. Sua mãe, viúva, havia prometido a filha em casamento a um jovem do lugar. Mas Luzia havia se convertido ao cristianismo e fizera voto de castidade. Quando faltava pouco tempo para o casamento, a mãe da moça ficou gravemente doente. Luzia propôs que as duas fossem ao túmulo de Santa Águeda (em Catânia), conseguindo assim adiar o casamento. Tendo-se curado nessa peregrinação, a mãe de Luzia aceitou a escolha religiosa da filha e desfez seu compromisso de casamento. Como vingança, o ex-noivo denunciou Luzia como cristã. A moça foi presa e ameaçada de ser posta em um prostíbulo para acabar com a pureza que dedicara a Deus. Mas, quando tentaram levá-la, seu corpo ficou tão pesado, que nem um grupo de diversos homens conseguiu carregá-la. Diante disso, o procônsul romano mandou decapitá-la. Um soldado cortou sua garganta com a espada, mas Luzia continuou declarando sua fé até o último instante. Por causa do seu nome, que significa *luz*, Santa Luzia tornou-se padroeira dos doentes dos olhos. Seu dia votivo é 13 de dezembro.

MARCIAL, SÃO

São Marcial viveu no século III. Aproximadamente em 250, foi enviado, pela Igreja de Roma, como missionário para a província da Gália (atual França). Foi um dos primeiros apóstolos do cristiaismo da região, e tornou-se bispo de Limoges. Ficou famoso pelos grandes milagres realizados por suas relíquias. Seu dia votivo é 30 de junho.

MARGARIDA, SANTA

Entre as diversas santas desse nome, Santa Margarida da Escócia é a protetora das mulheres. Era filha de um nobre escocês. Nascida em 1046, tornou-se rainha da Escócia ao casar com o rei Malcolm III. O casal teve seis filhos e duas filhas. A família teve uma vida harmoniosa e feliz. Muito culta, Margarida sempre apoiou e auxiliou o marido que, apesar de rei, era um homem de guerra, rude e analfabeto, mas que sempre apoiou e seguiu a fé da esposa. Com seu exemplo pessoal e um trabalho dedicado, Margarida aprimorou a fé religiosa e a educação do povo escocês. Santa Margarida da Escócia é lembrada no dia 16 de novembro.

MARIA DE CLEOFAS, SANTA

Maria de Cleofas (ou Clopas), irmã da Virgem Maria, foi esposa de Cleofas (irmão de São José) e mãe de quatro primos e seguidores de Jesus: Simão, José Barsabás, Tiago Menor e Judas Tadeu. Maria de Cleofas foi, segundo a tradição, uma das três Marias que serviram a Jesus durante sua vida e "a outra Maria" que assistiu à crucifixão de Cristo, sustentando, junto com Maria Salomé, a mãe de Jesus. Ela também foi, com Maria Madalena, à tumba de Jesus, que ambas encontraram vazia após a ressurreição do Senhor. Sua vida, depois que os romanos destruíram o templo de Jerusalém (70 d.C.), é incerta. Segundo uma lenda, foi como missionária para a Espanha, onde morreu; segundo outra, foi com São Lázaro e suas irmãs para a França, sendo uma das Marias cultuadas no santuário das Santas Marias do Mar (no sul da França), onde também existe a devoção a sua serva santificada pelo povo, Santa Sara, padroeira dos ciganos. A festa de

Santa Maria de Cleofas é no dia 9 de abril; a das Santas Marias do Mar, dia 24 de maio.

MARTINHO, SÃO

Diácono da Igreja Romana, Martinho foi eleito papa em 649. Como o imperador (na época, governando a partir de Constantinopla) tendia a favorecer uma determinada heresia, Martinho não esperou que ele confirmasse sua eleição e convocou imediatamente um concílio no qual condenou severamente a heresia em questão. O imperador, então, ordenou que o prendessem. Um enviado que tentou matá-lo, durante uma missa, ficou cego. Mas, pouco tempo depois, o imperador conseguiu prender o papa, que foi enviado para Constantinopla. Lá passou por muitas torturas, até morrer de inanição. Seu dia votivo é 13 de abril.

MAXIMILIANO, SÃO

Maximiliano Kolbe (nome secular, Raimund Kolbe) nasceu em 1894, na Polônia, e tornou-se frade franciscano. Apesar de ter passado a vida lutando contra a tuberculose, criou uma congregação denominada Milícia da Imaculada, devotada principalmente à conversão de pecadores e ao apoio a pessoas em dificuldades, que levou pessoalmente a diversos países. Depois que os nazistas invadiram a Polônia (em 1939), o mosteiro da congregação abrigou cerca de três mil refugiados (entre eles dois mil judeus), e a revista *Cavaleiro da Imaculada* publicou matérias anti-nazistas. Por estes motivos, a congregação e a revista foram fechadas, e os frades presos e enviados para o campo de concentração de Auschwitz (Alemanha). Lá frei Maximiliano foi morto em 1941, após se oferecer para substituir um jovem casado e com filho, que seria executado em represália a uma fuga de prisioneiros. Por ter sido morto com uma injeção de ácido carbólico, tornou-se protetor dos viciados em drogas, além de ser o patrono dos tempos difíceis. Depois de sua morte, foram relatados milagres seus, todos ligados à cura de doenças graves, que justificaram sua canonização. O *mártir da caridade* é lembrado no dia 14 de agosto.

MIGUEL ARCANJO, SÃO

O Arcanjo Miguel é descrito, nas Escrituras, como um dos grandes príncipes, o líder dos exércitos celestes na luta vitoriosa contra as forças do mal. Seu nome significa: "Quem é igual a Deus?" Este foi o grito de guerra dos anjos bons na batalha que travaram contra as forças de Satã, chefe dos anjos caídos. No tempo dos apóstolos, São Miguel foi invocado como protetor da Igreja. Ele já era reverenciado pelos judeus como protetor da sinagoga, e os muçulmanos também lhe têm devoção. Na Igreja Oriental, é considerado o maior de todos os anjos, líder dos Serafins e Querubins. Atualmente, é patrono dos comerciantes, marinheiros, paraquedistas, policiais, enfermos e de muitos lugares e outros grupos profissionais em todo o mundo. Sua festa é no dia 29 de setembro.

PANTALEÃO MÁRTIR, SÃO

São Pantaleão viveu na Nicomédia (perto do Mar Negro, na Ásia Menor), no século III. Ele era cristão e trabalhava como médico. Sua fama fez com que fosse escolhido para ser o médico do imperador Diocleciano. Sob a influência da vida na corte, Pantaleão abandonou sua antiga fé, mas um missionário conseguiu fazê-lo retornar à comunidade cristã. Passou a cuidar dos doentes gratuitamente e doou seus bens para os pobres. Foi logo denunciado como cristão, preso e torturado, mas manteve sua fé até a morte. O santo que, na Igreja Oriental, é chamado Grande Mártir e Taumaturgo, é festejado no dia 27 de julho.

PAULO, SÃO

Paulo (ou Saulo) nasceu em Tarso (na região da Ásia Menor chamada Cilícia), e foi criado em Jerusalém. Membro de uma família judia muito conservadora, combatia fortemente os cristãos que, naquele tempo, começavam a se organizar em comunidades. Certa vez, foi a Damasco levando instruções para que os cristãos daquela cidade fossem presos. No caminho, uma luz muito forte o cegou; ao mesmo tempo, Paulo ouviu a voz de Jesus (que, então, já havia morrido), perguntando-lhe por que o perseguia. Imediatamente se converteu ao cristianismo. Foi levado para Damasco, onde permaneceu três dias, cego e em jejum, até que foi batizado por Ananias; então recuperou a visão. A partir desse momento, foi um dos mais importantes disseminadores da fé e organizadores da Igreja Cristã em vários países da região. Finalmente, foi preso em Jerusalém e enviado a Roma, onde foi executado em 67. Sua data votiva é 29 de junho.

PEDRO, SÃO

São Pedro foi o primeiro seguidor de Jesus, tendo sido chamado por ele, junto com o irmão André, quando ambos pescavam no lago Tiberíades (mar da Galiléia). O pescador chamava-se Simão, mas Jesus trocou seu nome ao fazer um trocadilho, dizendo que Pedro seria a pedra sobre a qual ele ergueria sua igreja. São Pedro é considerado, juntamente com São Paulo, fundador da Roma cristã. É também considerado o primeiro papa, por sua intensa atividade à frente da comunidade cristã romana. Depois da morte de Jesus, Pedro dedicou-se integralmente ao apostolado e à organização das comunidades cristãs em muitos lugares. Foi preso diversas vezes e, segundo a tradição, em todas elas foi solto por milagre. Finalmente foi para Roma, onde foi preso e martirizado, possivelmente em 64. Na tradição popular, é o porteiro do céu e patrono dos pescadores. Sua festa é no dia 29 de junho.

QUITÉRIA, SANTA

Segundo a tradição popular, Santa Quitéria era filha de um nobre da Galícia, que queria forçá-la a abandonar a fé cristã e casar-se. Quitéria fugiu e foi seguida por emissários do pai até a cidade de Aire, na Gasconha, onde eles a decapitaram. A santa foi incluída na lista dos mártires da Igreja Romana e suas relíquias foram conservadas em Aire, até serem destruídas pelos protestantes franceses. A santa é representada com um cachorro e é considerada protetora contra mordidas de cães raivosos. Existem muitas igrejas a ela dedicadas na França e no norte da Espanha. Seu dia votivo é 22 de maio.

RAFAEL ARCANJO, SÃO

O arcanjo Rafael é um dos três anjos citados explicitamente nas escrituras católicas (os outros são os arcanjos Miguel, patrono da Igreja, e Gabriel, o anjo da Anunciação). Rafael aparece no Livro de Tobias, onde desempenha dois papéis importantes. Um deles é acompanhar o jovem Tobias em uma viagem, fato que o tornou padroeiro dos viajantes. O outro é a cura da cegueira do pai de Tobias, o que faz com que seja invocado para curar doenças, especialmente dos olhos. Esta é sua função mais importante, pois seu nome significa "Deus curou". Antigamente, São Rafael tinha seu dia votivo em 24 de outubro; mas o novo calendário da Igreja reuniu os três arcanjos no dia consagrado originalmente a São Miguel, 29 de setembro.

RITA, SANTA

A *padroeira dos impossíveis* nasceu na cidade de Cássia, na Itália, em 1381. Seguindo a determinação dos pais, casou-se com um jovem turbulento e agressivo. Aos poucos, graças à sua doçura, conseguiu mudar os hábitos do marido. Entretanto, quando seus dois filhos já eram rapazes, o marido de Rita foi assassinado por velhos inimigos. Os filhos juraram vingar o pai; então Rita orou a Deus, pedindo que os chamasse a si, se fosse a única forma de evitar que se tornassem criminosos. Deus a atendeu e Rita, agora sozinha, tentou entrar para o convento das agostinianas; mas não foi aceita por já ter sido casada. Então orou aos santos de sua devoção e, em uma noite, foi levada milagrosamente para dentro do convento, que foi forçado a aceitá-la. A monja logo se tornou conhecida pelos milagres produzidos por suas orações. Sua data votiva é 22 de maio.

ROQUE, SÃO

São Roque nasceu na cidade de Montpellier (na França), no século XIV, de uma família rica. Ficando órfão ainda jovem, doou seus bens para os pobres e partiu em peregrinação a Roma. No caminho, encontrou o norte da

Itália assolado pela peste. Dedicou-se então a ajudar os doentes e, segundo a tradição, operou curas milagrosas. Assim foi percorrendo a Itália, indo onde houvesse peste, até chegar a Roma. Na volta, ao passar por Placência, foi contaminado pela doença e se refugiou em um casebre fora da cidade, pretendendo morrer sem pôr em risco a vida de ninguém. Foi salvo da morte por inanição por um cachorro, que diariamente lhe levava um pão, e por uma fonte brotada milagrosamente junto à casa. Assim ele sobreviveu até ser encontrado por um nobre do lugar que o levou para sua própria casa, onde Roque ficou até se restabelecer e continuar a viagem para a França. A partir daí, não se sabe exatamente o que lhe aconteceu. Segundo alguns, ao passar pela cidade de Angera, ainda na Itália, foi preso como espião, tendo morrido na cadeia; segundo outros, morreu bem mais tarde, em Montpellier. São Roque é patrono das vítimas de doenças transmissíveis, principalmente das doenças de pele, e também dos cães. Seu dia votivo é 17 de agosto.

SEBASTIÃO, SÃO

Sebastião era um nobre romano, nascido em Milão no século III, que se converteu ao cristianismo. Oficial do exército e amigo do imperador Diocleciano, aproveitou sua posição privilegiada para evangelizar soldados e nobres romanos, tendo realizado muitas conversões. Sabendo disso, o imperador mandou prendê-lo e condenou-o à morte. Sebastião foi amarrado a uma árvore e morto a flechadas. Segundo a tradição, seu corpo foi enterrado nas catacumbas que levam seu nome, graças à coragem de uma viúva que, desrespeitando a proibição de sepultar todos os que eram executados como traidores de Roma (como ocorria com os cristãos), recolheu seu cadáver.

Seu martírio ocorreu em 236. Sua data votiva é 20 de janeiro.

SULPÍCIO, SÃO

São Sulpício (624 - 647) nasceu na cidade de Berry (na França), de pais ricos. Ordenou-se padre e serviu como capelão do exército do rei. Data dessa época seu primeiro milagre conhecido: conseguiu curar o rei de uma doença grave, apenas com orações e penitências. Como bispo de Bourges, tornou-se conhecido por sua caridade, pela firmeza com que defendia seus paroquianos contra a tirania da nobreza e pelos muitos milagres que realizou, particularmente na assistência a doentes. É atualmente um dos santos mais populares na França, existindo muitas igrejas e mosteiros com seu nome. Sua data votiva é 17 de janeiro.

Índice remissivo: temas de preces

A

abelhas, 105
agonizante, 31, 38, 43
amarelão, 101
angina, 93, 95, 96
animal: criação, **105**; doméstico, **104**; estimação, **103**
apoplexia, 67
Ave-Maria, 14
aves: 103; granja, **105, 117**

B

barriga, 97, 100
bebê: recém-nascido, **45**
belida, 70

C

cabeça: dor, **76, 110, 114**
cabra, 105
câncer, 67
cão, 104, 105
Cáritas: prece, **23**
carneiro, 105
catarata, 70
cólera, 100
coluna: dor, **76**
contusão, 60
costas: dor, **76**
Credo, 15
criança: proteção, **45, 46**; recém-nascida, **45**; saúde, **46**

D

defeito: comportamento, **36, 37**
dentes: dor, **94, 95**
depressão, 55, 56
derrame, 114
deslocamento dos ossos, 60
diarréia, 100
doença: contagiosa, **79, 80, 81**; desconhecida, **49, 52**; espiritual, **55**; fígado, **97**; física, **52**; garganta, **93, 96, 117**; grave, **33, 35, 63**; leve, **75**; olhos, **69, 70**; ouvido, **72, 73**
dor: barriga, **97, 100**; cabeça, **76, 110, 114**; dentes, **94, 95**; estômago, **97, 98**; gengivas, **94, 96**; ouvido, **72, 73**; parto, **43**;

reumatismo, 75, 113;
rins, 76, 77

E

epidemia, 52, 79, 81
erisipela, 85, 90, 91, 92
espinhela caída, 53
espírito: mau, 23, 24, 83; que atormenta, 29; sofredor, 16, 19, 29
estômago: dor, 98; problemas, 97

F

falange médica, 25, 26
febre, 85, 86, 87
ferida, 59, 60
ferimento, 59
fígado: doença, 97
fratura, 62

G

garganta: doença, 93; inflamação, 93
gato, 104
gengivas: dor, 94, 96
Glória-ao-Pai, 14
gravidez: proteção, 41, 43

H/I

hérnia, 62
inflamação, 93
Ismael: prece, 27

M

malária, 83
maleita, 83
mau: espírito, 23, 24, 83; pensamento, 17, 20

mau-olhado, 56
médiuns, 24, 25; curadores, 24
melancolia, 55, 56

N/O

nuvem dos olhos, 70
olhos: belida ou catarata, 70; doença, 69; tracoma, 71
ossos: deslocamento, 60; fratura 62
ouvido, 69, 72

P

Pai-nosso, 14
paralisia, 66
parto, 41; dores, 43
pele: doença, 86; úlceras, 92
perigo: espiritual, 51; físico, 51, 71
porco, 105
Prece de Cáritas, 23
Prece de Ismael, 27
Prece de São Francisco, 21

Q/R

quebranto, 57
queimadura, 60, 61
recém-nascido, 45
reumatismo, 75, 77, 113
rins: dor, 76, 77

S

Sagrado Coração de Jesus: prece, 19, 20
Salve-Rainha, 14
São Francisco: prece, 21, 63
saúde: conservar, 37, 38
seio: tumor, 68

sessão de receituário: abertura, **26**; encerramento, **27**
Sinal da Cruz, **15**
suicida, **31**
surdez, **72**, **73**

T/U

tracoma, **71**
tumor: qualquer, **66**; seio, **68**
úlceras: pele, **92**

V

vermes, **94**, **96**, **99**;
vício, **68**
vista: doença, **70**